DESAFIO DE VÍDEOS SOBRE E-COMMERCE

OS 80 MELHORES CAMINHOS
PARA CONSEGUIR VENDER NA INTERNET

Editora Appris Ltda.
1.ª Edição - Copyright© 2022 do autor
Direitos de Edição Reservados à Editora Appris Ltda.

Catalogação na Fonte
Elaborado por: Josefina A. S. Guedes
Bibliotecária CRB 9/870

Faustino, Generson José
F268d   Desafio de vídeos sobre e-commerce : os 80 melhores caminhos
2022   para conseguir vender na internet / Generson José Faustino. - 1. ed. -
   Curitiba : Appris, 2022.
      148 p. ; 21 cm.

   ISBN 978-65-250-3218-4

   1. Comércio eletrônico. 2. Vendas. 3. Empreendedorismo.
   I. Título.
                               CDD – 658.872

Editora e Livraria Appris Ltda.
Av. Manoel Ribas, 2265 – Mercês
Curitiba/PR – CEP: 80810-002
Tel. (41) 3156 - 4731
www.editoraappris.com.br

Printed in Brazil
Impresso no Brasil

Generson José Faustino

DESAFIO DE VÍDEOS
SOBRE E-COMMERCE

OS 80 MELHORES CAMINHOS
PARA CONSEGUIR VENDER NA INTERNET

Dedicado à minha Mãe Inês, minha inspiração de inteligência emocional no enfrentamento de pressões e especialista em executar as coisas de maneira simples e prática, sem preocupar-se com o julgamento alheio.

Ao meu Pai Geraldo, que incontáveis vezes abriu mão de momentos com a família para buscar nosso sustento como caminhoneiro Brasil afora. Foi responsável pela ajuda nas operações de vendas na internet, por meio de retirada de mercadorias nos fornecedores, preparação das embalagens, envio aos Correios e transportadoras. Sem esse suporte nos bastidores, esta obra poderia não ter sido realizada. Gratidão, PAI!

À minha avó Zilda (in memoriam), meu alicerce de Fé, que tinha o poder de levar à sábias reflexões e trazer clareza em qualquer momento. Essas três pessoas sempre estiveram ao meu lado desde 12/12/2005 (e, obviamente, também antes) quando comecei a vender na internet.

AGRADECIMENTOS

Agradeço à minha tia Ruth, pelo carinho e cuidado na infância, quando acidentalmente rolei na cama e sofri queimaduras no ferro de passar roupa. Gratidão pelo transbordo de amor naquele momento que fiquei internado, sob sua companhia.

À minha tia Raquel, pois aos 7 anos, em 1987, mostrei meu caderno de Educação Artística a ela, que me disse: "Isso aí. Nunca pare de estudar." Tal apoio foi e sempre será crucial para despertar meu eterno aprendiz.

Aos meus irmãos, Gerson, Gilson e Geder, que defenderam o meu direito à educação, enquanto trabalhavam na nossa funilaria e pintura de carros para ajudar o pai a prover o lar.

À minha cunhada Maísa, que lecionou aulas particulares e gratuitas para me ensinar equações do 1º grau em 1992.

À minha cunhada Eliana, que sempre direcionou votos de prosperidade à minha vida.

À minha cunhada Márcia, que sempre alegrou-se com meu sucesso na internet.

À minha tia Maria Inês, que interagia nos comentários de meus primeiros vídeos sobre e-commerce quando postava no Facebook. Gratidão pelo apoio.

À minha tia Zilá, que me ajudou com palavras motivacionais em 2015, quando perdi o contrato com a Cnova e tive grande impacto nas receitas.

Ao meu Tio Manoel (in memoriam), que nas visitas sempre me trazia alegria.

Ao meu tio Mário, sempre com um olhar de compreensão sobre minha vida.

Ao meu tio Milton, um exemplo de como preservar minha personalidade e sempre ser enfático na preservação de seus direitos.

Ao meu tio João (in memoriam), um especialista em execução de serviços de mecânica automotiva. Modelei-o para executar as coisas sem mimimi.

À minha tia Vânia, que sempre doou atenção e nunca tirou os olhos dela sobre minha caminhada.

Ao meu sobrinho Luís Olavo, um exemplo de maturidade para lidar com negócios.

À minha Grande Amiga e Companheira Rita, que muitas vezes trouxe clareza, fazendo-me, em alguns momentos, "botar meus pés no chão" e trouxe praticidade aos meus brainstorms digitais. Foram atitudes relevantes para alçar-me a grandes voos. Gratidão, porque sem esse olhar crítico eu poderia não ter consistência, sobretudo, no meu crescimento como Pessoa.

À coach Christiane Monteiro, que me ajudou definir Missão, Visão e Valores da minha empresa. Ajudou-me a reestruturar o controle de estoque e precificação. Tais serviços prestados foram de grande valia para o futuro do negócio.

Ao meu Mentor Pablo Marçal, responsável por ativar meu lado escritor. Durante dois anos, cansei de ouvir ele falar "Quando você vai publicar seu livro?" Isso mexeu comigo e em 02/2022 tomei a decisão.

À Vera Regina Nozari, uma exímia networker. Nos conhecemos na Mentoria 12K do Pablo Marçal. Conectou-me a vários profissionais do mercado e me ajudou avançar.

Aos 3 empreendedores André, Marcelo e Pedro, que são irmãos, atuam com Comunicação visual e durante minha jornada, sempre me apoiaram com dicas simples para melhorar minhas operações.

Aos familiares em geral, que proporcionaram um ambiente agradável e pacífico para que minhas operações de e-commerce fossem realizadas num quartinho pequeno e na garagem da casa. Gratidão a todos ascendentes e descendentes da família Faustino, que mesmo sem saber, direta ou indiretamente colaboraram pela realização do meu sonho de vender na internet.

Sobre tudo o que se deve guardar, guarda o teu coração, porque dele procedem as fontes da vida.

(Provérbios 4:23)

PREFÁCIO

Referências. Nós precisamos delas, e em alguns momentos nos tornamos elas. Quando decidi abrir meu site em 2015, recorri ao meu tio, quando decidi abrir minha loja física em agosto de 2017, também recorri ao seu acervo de vivência. Não por ele ser meu tio, mas por eu acompanhar seus acertos e erros diários. Ali, tudo na minha visão era acerto, pois se ele estivesse errando, eu conseguiria arrumar a rota, e se estivesse acertando, eu poderia melhorar. Posso dizer que deu certo, pois em um país onde cerca de 50% das empresas quebram em até 3 anos[1], cá estamos, firmes e fortes, com duas lojas, um site de entretenimento com 60 mil visualizações mensais e redes sociais que ultrapassam 50 mil seguidores.

Eu sei que durante essa jornada o mundo do empreendedorismo teve um 'boom' com o avanço da tecnologia, *coaches* e mais *coaches* surgiram. A maioria deles surgiu com dicas para fazer algo que eles nunca fizeram. Fique milionário do dia para noite, alguns dizem, mas o carro e a casa que estão gravando são alugados. Outros dizem que há possibilidade de ganhar R$ 10.000,00 trabalhando poucas horas por dia e sem sair de casa.

Sim, possibilidade há, mas elas são raras. O dia a dia é cruel, a motivação vem e vai, o que fica é a consistência, palavras também vêm e vão, o que fica são as atitudes.

Uma pessoa não precisa falar para você o que ela faz, você mesmo vê. Então, todas as palavras são redundantes. Ao adentrar o *Desafio de vídeos sobre e-commerce - Os 80 melhores caminhos para conseguir vender na internet*, você terá a oportunidade de ouro de economizar tempo e, sempre que puder, opte pela economia de tempo, não de dinheiro.

---

[1] https://www.contabeis.com.br/noticias/48838/quase-50-das-empresas-fecham-em-ate-tres-anos/#:~:text=compartilhe%20no%20whatsapp&text=De%20acordo%20com%20o%20IBGE,motivos%20principais%20para%20a%20fal%C3%AAncia.

Não quero dizer, de forma alguma, que tudo que está exposto aqui dentro é o mais prático ou mais eficiente, mas nestes breves capítulos, temos a vida real. Coisas que parecem simples na empresa, como manter estoque mínimo, ter um celular bom e correr riscos calculados, são expostos, assim como questões sobre inteligência emocional e a melhora mínima como pessoa, dia a dia, constantemente.

O Desafio de vídeos sobre e-commerce - Os 80 melhores caminhos para conseguir vender na internet é uma obra para tirar suas dúvidas, mostrar que nem sempre é fácil e que é possível, mesmo em meio ao caos, prosperar. Se você não sabe para onde ir, vem ver um pouco de vida real, é chato em muitos momentos, é doloroso na maior parte deles, mas te garanto, você vai amar!

Henry Levy Braga Faustino – Formado em Gestão de Recursos Humanos pela Unip.

Dono da Loja Old Geek e do site HQ's com Café.

Trabalhou dos 16 aos 19 em um escritório de contabilidade na parte fiscal. Com 19 anos, passou em um concurso público estadual para trabalhar em uma escola, ali ficou por 4 anos, quando decidiu pedir demissão e empreender.

APRESENTAÇÃO

Neste livro, o autor abordou a experiência diária do seu e-commerce durante 365 dias, e a cada dia fez um vídeo com relatos dos desafios e sucessos obtidos durante um ano.

Agora ele decidiu abrir a caixa-preta e mostrar como é sua rotina diária e, com isso, colaborar com quem tem interesse em vender pela internet.

Em 01/07/2016, ele começou a gravar vídeos diários sobre sua rotina no e-commerce. Os vídeos foram postados em seu perfil pessoal no Facebook e no canal youtube.com/minhaprimeiravenda.

Com o objetivo de tornar mais didático e compilar todo o conteúdo abordado nos vídeos, centralizamos todas as dicas neste livro para facilitar a consulta dos leitores.

Foi definido que a enumeração de capítulos será diferente. Este livro contém 80 capítulos, que representarão os 80 dias. Portanto, quando você quiser ver, na íntegra, de qual vídeo tal capítulo foi originado, basta apontar a câmera do seu celular para o QR code no final de cada capítulo, que irá direcioná-lo para o vídeo que originou tal capítulo. Você também pode pesquisar diretamente no YouTube a partir do título do vídeo.

Por exemplo, para ver o vídeo #001, que deu origem ao capítulo 1 deste livro, basta procurar no YouTube por "Generson - #001 de 365 dias de comprometimento com você". O fato de você estudar este livro por meio da leitura tradicional e também com pesquisas diretamente no vídeo do YouTube que originou o referido capítulo aumentará a absorção de conhecimentos, pois a junção leitura do livro + visualização do vídeo contribuirá para você identificar oportunidades ao seu redor na sua cidade e aplicá-las imediatamente.

Portanto, este livro é totalmente fora da caixa e disruptivo, pois, além de lê-lo, também terá a oportunidade de assistir a como enfrentei os desafios do meu dia a dia. É um manual prático que o ajudará durante muito tempo na sua jornada no e-commerce, pois é uma obra que você consultará sempre que se deparar com "pepinos" em suas operações no e-commerce.

Poderá não encontrar a resposta desejada nos vídeos, mas com certeza, baseado em minha experiência, você terá vários insights para solucionar seus desafios.

Em alguns momentos, quando você assistir aos meus vídeos no YouTube, notará os meus reais sentimentos no momento que fiz o vídeo, tais como: insegurança, linguagem corporal e... alguns... é... alguns... brancos... durante... meu... discurso. Você vai captar momentos inusitados, como caminhão passando na rua no momento da gravação, sino do relógio da igreja batendo bem na hora da gravação, eu deitado embaixo do carro para arrumar o escapamento quebrado durante o transporte de mercadoria para os Correios, dentre tantos outros acontecimentos que decidi não editar para que você tivesse a oportunidade de presenciar todos meus pontos fracos e concluir que você também consegue empreender no e-commerce. Toda essa transparência ajudará na sua absorção de conhecimento por meio da leitura e também por meio dos vídeos que serviram de referência para a escrita desta obra.

Recapitulando, o título de cada capítulo será formado por: número do dia + título do vídeo postado no YouTube.

Exemplo:

Dia #001: Generson #001 de 365 dias de comprometimento com você

Dia #002: Generson #002 de 365 – Descubra como não passar susto no e-commerce

Dia #003...

.

.

.

#080...

Para assistir ao vídeo, basta ir no YouTube e digitar o título do capítulo.

Visando a facilitar a prática do conteúdo desta obra, embora haja menções sobre 365 vídeos, foram expostos os primeiros 80 vídeos. A intenção é proporcionar rápido consumo e aplicabilidade na vida do leitor.

Sem mais delongas, aperte os cintos e venha comigo nesta viagem de 80 dias no mundo do e-commerce.

SUMÁRIO

GENERSON #001 DE 365 DIAS DE COMPROMETIMENTO COM VOCÊ

Itajobi (SP), sexta-feira, 01/07/2016, 17h46.

Nesta data subi o primeiro vídeo no meu canal do YouTube, no qual eu anunciava o meu comprometimento público em compartilhar os bastidores do meu e-commerce durante 365 dias consecutivos. Desde 2005, empreendo no e-commerce a partir de casa.

O meu escritório é dentro de um quarto na casa onde moro com minha avó Zilda, meu pai Geraldo e minha mãe Ines. No vídeo, eu disse que o quarto mede 3x6, mas quando medi corretamente, é 3x2. É um espaço simples e pequeno, mas que me sustentou desde 2005.

Neste vídeo eu me comprometi publicamente em fazer vídeos sobre as operações do meu e-commerce no dia a dia, de modo que você possa vislumbrar que é possível empreender no e-commerce a partir de casa. Não é necessário ter um espaço amplo e uma operação super sofisticada para você iniciar. Quando você assistir a este primeiro vídeo, notará que há conversas ao fundo. São minha mãe, pai e avó conversando na sala.

Vou parafrasear o Grande empreendedor Érico Rocha, responsável por esta inspiração de fazer 365 vídeos: Tudo parece impossível até que seja feito. Você quer empreender no e-commerce? Comece agora. Comece onde você está.

O Ponto é: no meu caso, se eu tivesse aguardado o momento ideal de silêncio na minha casa e nos vizinhos para gravar o primeiro vídeo de maneira profissional, sem conversas ao fundo, as chances são que eu teria procrastinado e a concretização deste projeto não seria possível hoje, e você não teria acesso a este rico acervo, que será uma importante fonte de inspiração PRÁTICA para você iniciar e/ou otimizar suas vendas na internet.

Portanto haverá dias desafiadores na sua vida, por exemplo, na gravação deste primeiro vídeo, enfrentei vários desafios, pois tinha muito barulho na hora da gravação do vídeo e você poderá notar que às vezes eu falava palavras desconexas, mas o fato de eu proteger minha mentalidade, acreditar e seguir em frente para iniciar este desafio de 365 vídeos valeu a pena. Vamos em frente. Estarei aqui como uma fonte de inspiração e positividade para ajudar você a empreender no e-commerce.

GENERSON #002 DE 365 – DESCUBRA COMO NÃO PASSAR SUSTO NO E-COMMERCE

Em agosto de 2015, eu atuava no *marketplace* da Cnova (Casas Bahia, Ponto Frio e Extra), mas a performance do meu atendimento não estava satisfatória e eu fui retirado desses canais. Naquele momento, mais de 90% do meu faturamento era da Cnova, e o período do final de agosto a novembro foi muito difícil para mim, porque zerou a minha principal fonte de renda.

No mês que fui retirado da Cnova, eu já atuava na B2W (Americanas, Submarino e Shoptime), mas a quantidade de vendas era muito pequena. Portanto, obrigatoriamente após perder Casas Bahia, Ponto Frio e Extra, comecei a focar na B2W. Sendo assim, aos poucos recuperei o nível de faturamento de quando trabalhava com a Cnova.

No dia 01/07/16, por volta de 00h15, tomei um susto. Quando olhei no meu *dashboard*, constatei que eu tinha 0,00% de itens ativos no site. Me deu um frio na barriga e pensei... será que fiz algo errado?

Fui dormir e não via a hora de amanhecer para eu ligar na B2W e esclarecer essa informação para verificar se os meus produtos estavam ativos. Tão logo iniciou o expediente matinal, liguei lá e expliquei o caso. Disseram que era um problema interno e todos os lojistas estavam enfrentando tal instabilidade, mas a equipe de TI estava trabalhando para resolver esse problema. Mas enfim, não deixou de ser um susto.

Foi um bug interno que mostrava para mim que todos os meus produtos tinham sido desativados. Após esse acontecimento de 01/07/2016, me conscientizei que nunca mais eu devo ter apenas um canal de venda. Tenho que ter o site próprio e parceria com vários *marketplaces*, pois se algum canal desativar meus produtos, terei um plano B.

Portanto, para você que tem interesse em vender pela internet, considere abrir vários canais de vendas, para você não passar susto no e-commerce.

GENERSON #003 DE 365 – VEJA EM QUAL PLATAFORMA DE E-COMMERCE INICIAR VENDAS: ALUGADA OU DO ZERO

Neste vídeo eu falei sobre como ter o primeiro site de vendas e expliquei quais foram os caminhos que percorri. Iniciei com um site cuja mensalidade era R$29,90. O layout dele era supersimples. Não tinha como customizar. Apenas inseria fotos, descrições, banners e cores. Mas você que está começando, considere iniciar seu e-commerce com um site alugado para ter um custo inicial baixo.

Outra opção é contratar um programador ou uma empresa que faça um site do zero para você, mas exigirá um investimento inicial alto. Não recomendo gastar dinheiro logo de cara com um site robusto.

Outra alternativa é recorrer a plataformas de código aberto, por exemplo: Magento, Prestashop, Open Cart. Utilizei o Magento em 2013. É uma plataforma excelente e você encontra muitos desenvolvedores que programam em Magento. Alia beleza e funcionalidades de alto nível. Em 2014, experimentei Prestashop. Tive a impressão que as funcionalidades são voltadas para o mercado norte-americano e tive dificuldade em adaptar várias funcionalidades ao mercado brasileiro. Em resumo, concluí que a Prestashop não é "abrasileirada". Em julho de 2016, migrei para Open Cart. Com essa plataforma, o programador conseguiu otimizar melhor para o meu negócio e até o presente momento (03/07/2016) é essa que utilizo.

Você que está começando e quer ter um site de vendas, recomendo iniciar com uma plataforma alugada, com um baixo valor mensal. Você tem ideia de vender um determinado produto? Pega esse produto, coloca num site alugado que terá baixo custo de manutenção e verifique se a ideia funciona, por meio desse MVP (Mínimo Produto Viável). Se você vê que o negócio vai andar, então você pode começar a pensar numa plataforma mais robusta.

O importante é você começar. Se você pesquisar no Google, encontrará inúmeras opções de sites para alugar. Portanto isso não será desculpa para você postergar o sonho de ter um e-commerce.

Outra plataforma que você pode utilizar para criar sua estrutura de páginas e automação de e-mail marketing é a plataforma onde sou concessionário, e você pode obter informações no meu site: generson.com.br.

GENERSON #004 DE 365 – APRENDA COMO EVITAR AÇÕES JUDICIAIS NO SEU E-COMMERCE

Aqui você aprenderá uma dica prática para evitar ações judiciais, estreitando o relacionamento com os clientes. No dia 02/02/16, vendi um produto para um cliente do Rio de Janeiro e, no dia 02/03/16, ele me contatou e disse que até o presente momento não tinha recebido o produto. Olhei no rastreamento e constatamos que o produto não estava sendo localizado no fluxo postal, ou seja, poderia ter sido roubado ou acontecido "n coisas" com tal produto.

Então, para evitar eventual ação judicial contra mim, uma vez que até o cliente receber o produto a responsabilidade é minha (do vendedor), corri o risco de enviar um novo produto para o cliente, ele receber os dois e não devolver.

Sendo assim, sem saber o paradeiro desse primeiro produto que eu tinha enviado, no dia 07/03/16 postei um outro produto, cinco dias após ele me contatar e fazer a reclamação que ele ainda não tinha recebido o produto.

Após dez dias, ele recebeu um produto que enviei primeiro, e após mais cinco dias recebeu o outro. Portanto ele pagou um produto e recebeu dois.

Tentei entrar em contato com a empresa onde ele trabalha, onde era o responsável pelo recebimento de mercadorias, e ele não atendia o telefone. Depois de muito tempo, consegui falar com um amigo dele de trabalho e essa pessoa que era responsável pela nossa negociação tinha entrado de férias. Tal pessoa só retornou ao trabalho em 15/07/2016, então consegui falar com a pessoa e ela se comprometeu a devolver a produto que recebeu a mais, e ela fez o "favorzinho" de postar o outro produto para mim.

O que aprendi com isso? Mesmo que você não seja o culpado pelo atraso da encomenda, mantenha um canal de comunicação aberto com seu cliente. Posicione-o sobre qual será o seu Plano B para solucionar o problema. Você enviará outra mercadoria? Você deve dar um suporte, não fugir e sempre apoiá-lo, porque às vezes é melhor você correr o risco de perder R$200,00 a R$300,00 a correr o risco de ter que pagar uma indenização de milhares de reais.

Dentre as ferramentas para solucionar esses casos, você tem o e-mail, telefone e algo super eficaz, que é o WhatsApp, onde você grava áudio, vídeo, envia fotos rapidamente e, com isso, tem um contato mais próximo com o cliente e pode deixá-lo cada vez mais calmo e dar explicações rápidas, isto é, você pode deixá-lo ciente sobre como está o andamento da entrega da mercadoria, e neste meu caso, mantive um canal de comunicação aberto com o cliente, fez-me blindar de uma possível ação judicial.

GENERSON - #005 DE 365 - APRENDA COMO NÃO ENVIAR PEDIDO DUPLICADO E EVITAR PREJUÍZO

Neste meu 5° vídeo você aprenderá como não perder dinheiro no e-commerce. Um cliente me contatou dizendo que comprou um produto e recebeu dois.

Então fui verificar e notei que, no dia que enviei este produto, eu tinha muitos pedidos em atraso e emiti etiquetas em duplicidade e, com isso, enviei duas mercadorias para o mesmo cliente.

Então isso era um erro que não poderia ter acontecido. Portanto, sempre quando você tiver muitos pedidos para enviar, você deve ter uma atenção redobrada e não cometer esse mesmo erro que cometi em relação a esse pedido, de o cliente comprar um e você enviar dois.

A sorte é que esse cliente de Minas Gerais me contatou e solicitou um código de devolução de postagem para fazer a devolução do produto e, assim, minimizou meu prejuízo, porque ele devolveu essa mercadoria.

Fique atento a esses detalhes simples para não prejudicar o futuro do seu e-commerce.

Neste momento que escrevo estas linhas, concluo que tal lição serve mais para mim do que para você, leitor, porque é um ponto que devo melhorar no meu e-commerce.

GENERSON #006 DE 365 – NÃO INVENTE DESCULPAS E COMECE SEU PROJETO AGORA!

Quantas vezes você hesitou em iniciar um projeto e culpou sua situação atual limitadora por não ter um veículo para transportar seus produtos?

Eu havia acabado de carregar produtos no porta-malas do meu carro no fornecedor e lembrei-me de quando iniciei no e-commerce e não tinha veículo próprio para levar mercadorias nos Correios e tive que ir a pé fazer as postagens.

A agência dos Correios ficava a três quadras de minha casa. Uma vez eu precisei levar mercadorias nos Correios e eram 4 horas da tarde. Às 5 horas a agência ia fechar. Eu tive que fazer duas viagens a pé para levar as caixas.

Lembro-me que um amigo vizinho, que também trabalhou de caminhão boiadeiro com meu pai durante várias décadas e é um grande amigo nosso, pelo qual temos um grande apreço, conhecido como Sapé e que mora a duas quadras de minha casa, me viu carregando as caixas e a cada 5 ou 6 metros eu tinha que colocá-las no chão para descansar.

Aqui vai um parêntese: (eram 4h da tarde e eu ainda não tinha almoçado, por isso, talvez, essa falta de energia, né?). O Sapé estava sentando em sua cadeira de área, viu meu sofrimento e disse:

— Pega meu carro e vai lá levar as caixas nos Correios. Então agradeci, peguei o carro e terminei de levar as caixas nos Correios sem sofrimento.

Às vezes você pode pensar algo como: "Ah, não tenho carro... meu pai tem um Fusquinha ou um carro não muito bom", "Preciso ter uma caminhonetinha para transportar as caixas e não tenho condições de ter esse veículo". Muitas vezes inventamos muitas desculpas para não seguirmos em frente.

É óbvio que para quem tem um e-commerce, o ideal é ter uma caminhonete, mas como eu não tenho, deitei o banco traseiro, sendo assim, o compartimento fica maior para armazenar as caixas. Às vezes é necessário fazer duas viagens com o carro. Evite que a situação atual seja um fator limitante para você iniciar no e-commerce. Mesmo que você esteja a pé, com um Fusquinha, um Corcel, não importa! Comece de onde você está.

Durante a sua caminhada as coisas acontecerão e haverá melhorias. Não dê desculpas para iniciar seu projeto, pois, em qualquer área da vida, se você não der desculpas, você chegará lá. Basta acreditar!

Não dê desculpas baseadas na sua situação atual. Não pense nas coisas como são, mas sim como poderão vir a ser.

GENERSON - #007 DE 365 – DESCUBRA COMO ADOTEI O HÁBITO DE TER ESTOQUE MÍNIMO PARA EVITAR ATRASOS

Quinta-feira, 07/07/2016, foi um dia "light". No início do dia estava tudo planejado para postar muitas mercadorias, e após o almoço eu ia até um fornecedor numa cidade vizinha retirar alguns produtos.

Por volta das 14h, fui informado que a entrega dos produtos só seria realizada na segunda-feira, 11/07. Era um dia que eu poderia ter postado todas as mercadorias e evitado atrasos, mas às vezes acontecem imprevistos com nossos fornecedores que não dependem de nós, às vezes é um atraso na produção e não temos o que fazer, apenas aguardar quando os produtos estiverem prontos.

Eu aprendi que para evitar essas ocorrências você deve rastrear quais produtos são mais procurados, mais vendidos e procurar fazer um estoque mínimo para evitar isso aí de colocar um pedido no fornecedor em cima da hora e ele não ter no mesmo dia ou no dia seguinte para lhe entregar.

Este caso deixou-me presente para me policiar e manter um estoque mínimo dos produtos que são mais vendidos no meu e-commerce e evitar esses pequenos atrasos.

Sendo assim, quando meu estoque estiver diminuindo, colocarei pedidos no meu fornecedor para evitar atrasos. Tal prática é algo muito básico, mas eu não estava praticando, e esse insight serve e servirá tanto para mim quanto para você que está iniciando.

Portanto procure se planejar e manter um estoque mínimo para que você tenha mais segurança nas suas operações no e-commerce.

GENERSON - #008 DE 365 - COMUNICAÇÃO CLARA COM OS FORNECEDORES É FUNDAMENTAL

No vídeo #007 eu mencionei que, em 07/07, o meu fornecedor teve um atraso na produção e ele só iria me entregar no dia 11/07, no entanto, na manhã do dia 08/07, recebi um e-mail do meu fornecedor dizendo que a mercadoria já estava disponível para retirada naquele dia. Eram 11h07 da manhã e pensei: "Às 14h vou lá e farei a retirada".

Porém, ao chegar às 14h15, deparei-me com a indústria fechada. O segurança disse que pelo fato de o dia seguinte ser sábado, 09/07, feriado, é basicamente uma regra dessa indústria quando é feriado no sábado, os funcionários trabalham na sexta-feira até às 12h. Portanto, cheguei na indústria às 14h15, deparei-me com essa surpresa e fiz este vídeo em frente à indústria.

Entendo que isso não é culpa da indústria. Foi uma falha de esclarecimento de minha parte, uma falha de comunicação, pois deveria estar atento a esse tipo de situação para saber qual era o horário de atendimento em vésperas de feriado. Eu poderia ter culpado a indústria, mas isso foi uma falha de comunicação minha.

Com isso, aprendi que sempre devo prestar atenção nos horários de expediente dos fornecedores para evitar esses contratempos. Sendo assim, neste caso, primeiramente foi acordado para retirar no dia 11/07, mas na manhã do dia 08/07 ficou definido que eu poderia ter retirado ainda no dia 08/07, mas devido ao fato de eu não me atentar ao horário de expediente, a entrega ficou para 11/07 mesmo.

Portanto com este caso aprendi que ter uma comunicação eficaz com os fornecedores é essencial para evitar tais imprevistos.

GENERSON - #009 DE 365 - CONTROLE SUA INTELIGÊNCIA EMOCIONAL DIANTE DE SITUAÇÕES ADVERSAS

No capítulo anterior, falei sobre o imprevisto que meu fornecedor teve e não me entregou as mercadorias conforme prometido. Fiz este vídeo #009 para falar sobre inteligência emocional. Às vezes no seu dia a dia acontecerão circunstâncias que poderão literalmente tirá-lo do sério, e serão situações que todo ser humano tem que contar até dez para não tomar uma ação precipitada, e ontem pratiquei muito esse lance da inteligência emocional ao jogar a culpa toda sobre mim pelo fato do fornecedor não ter entregue esta mercadoria.

Naquele momento, quando gravei o vídeo, tive que ter um controle emocional muito grande, porque havia combinado com a fábrica de buscar as mercadorias e não quis culpá-la pelo erro e joguei a responsabilidade sobre mim.

Após passar aquele momento, tive que ir em uma loja de material de construção para resolver uma questão pessoal (mas está totalmente inserido nesse contexto de inteligência emocional) e precisei comprar uma peça de 1,5 mm para colocar no piso.

No momento que a atendente foi me atender, chegou outra cliente e essa mesma cliente coincidentemente pediu essa mesma peça, mas de 1 mm. Tal cliente "passou na frente" e foi atendida. Entregaram a peça de 1mm para ela e em seguida me atenderam. Eu pedi a peça de 1,5 mm, mas como a cliente anterior havia pedido a peça de 1 mm, a atendente se enganou e embalou a peça de 1 mm. Peguei a embalagem, fui embora e quando eu estava a 10 km da loja de material de construção, olhei no pacote e vi que estava marcado 1 mm, e eu precisava de 1,5 mm.

Imediatamente retornei à loja e, mais uma vez, em menos de 3 horas, passei por mais um teste de inteligência emocional, lembrando que o primeiro teste foi na fábrica, o segundo foi quando o cliente passou na frente e foi atendido primeiro que eu na loja de material de construção, e o terceiro teste foi este a seguir.

Ao retornar à loja, disse que pedi uma peça de 1,5 mm, mas eu me enganei e pedi peça de 1mm. Teria como trocar? Portanto, para evitar uma situação deselegante, mais uma vez joguei a culpa sobre mim.

Sendo assim, no dia 08/07, passei por três situações que exigiram muito de minha inteligência emocional e aprendi um pouco mais como controlá-la e evitar situações que me levassem a ter uma atitude impulsiva.

Então fica essa dica para você aplicar em todas situações conflitantes na sua vida pessoal e profissional.

Tenha paciência para controlar sua inteligência emocional e não "explodir" com qualquer coisinha... em qualquer situação.

GENERSON - #010 DE 365 - DESCUBRA COMO ALIVIAR A TENSÃO DE SUA VIDA

Neste domingo, 10/07/16, eu não estava nas operações do meu e-commerce, mas em minha mente estavam os pensamentos referentes aos desafios do meu negócio.

Aproveitei a manhã de domingo para correr. A corrida é um dos meios para aliviar a tensão. Você, empreendedor que convive diariamente com a pressão do seu mercado, do seu negócio, chega um momento que você precisa descansar, dar uma desestressada.

Eu utilizo a corrida como um meio de alívio de tensão e reflexão. Portanto, toda vez que eu me sinto um pouquinho com desafios difíceis, utilizo a corrida, seja de manhã, final da tarde ou à noite, corro 2 ou 3 km.

Isso faz com que eu tenha uma introspecção e me auxilia a tomar melhores decisões num futuro próximo. Então esta é uma dica para ajudá-lo a aliviar a tensão e refletir: corra!

Uma pequena corrida pode fazer grande diferença na sua vida pessoal e profissional.

GENERSON - #011 DE 365 - DESCUBRA O BENEFÍCIO DE MANTER "SANGUE FRIO"

Os assuntos dos últimos quatro capítulos estão intimamente relacionados, pois dizem respeito à sequência de acontecimentos originados por atraso do fabricante e que demandou alto nível de inteligência emocional nos dias seguintes.

O objetivo deste capítulo é abordar a importância de manter "sangue frio", e eu poderia muito bem naquele momento ter "estourado, ficado bravo", mas certamente hoje eu estaria arrependido.

Sempre em situações que você está prestes a explodir, é importante você manter sangue frio, porque no dia seguinte você estará com a cabeça mais tranquila e, com isso, você evitará constrangimento.

Neste dia eu interagi com os funcionários da fábrica, fui muito educado, como se nada tivesse acontecido. Houve reciprocidade e eles me atenderam muito bem.

Com isso, você será beneficiado, pois manterá um relacionamento com as pessoas que trabalham lá e, uma vez que o mais importante são as pessoas, você garantirá que tais pessoas estejam sempre com boa vontade em ajudá-lo quando precisar.

Portanto, independentemente das situações que você enfrentar, mantenha sangue frio para que você possa sempre ser educado com as pessoas e ser beneficiado pessoalmente e no seu negócio.

GENERSON - #012 DE 365 - DESCUBRA COMO SUPERAR SUAS DIFICULDADES COM TECNOLOGIA

Na Black Friday de 2014, comprei uma impressora sem fio com o objetivo de imprimir as etiquetas de postagem mesmo quando eu não estivesse presente, e também, em 07/01/2015, eu tinha que fazer uma viagem de sete dias. Sendo assim, ia precisar trabalhar remotamente e enviar as etiquetas pelo celular para que pudessem ser impressas na impressora sem fio na minha casa.

O dia da viagem chegou e eu não consegui fazer a configuração do celular com a impressora.

Somente após um ano e meio é que consegui fazer "esse trem" funcionar. A impressora sem fio deveria ter sido interligada com minha conta do Google e também era necessário baixar um aplicativo no celular, integrá-lo com minha conta Google e a impressora com a conta do Google também.

Fiz este vídeo para compartilhar essa conquista, pois consegui fazer tal configuração e, assim, onde eu estiver conseguirei pegar o documento que eu quero imprimir, logarei com minha conta Google, enviarei para a minha conta Google, onde estará minha impressora cadastrada, e a impressão sairá na impressora.

Em seguida, meu pai verá que tem etiquetas impressas, colará etiquetas e levará as caixas aos Correios para mim. Portanto somente após um ano e meio consegui realizar isso.

O meu aprendizado com isso foi que, mesmo não tendo familiaridade com tecnologia, é importante termos persistência, pois em algum momento o desafio, que pode ser grande, vai "enjoar" de vê-lo persistindo, persistindo, persistindo. Ele (o desafio) vai falar: "Não! Eu não aguento mais ver o fulano ser tão persistente. Vou entregar os pontos e deixá-lo realizar isso aí".

Fiquei um ano e meio para conseguir fazer essa interligação e conseguir imprimir remotamente pelo celular, mas consegui.

Se você tem alguma dificuldade com tecnologia, seja com celular, não sabe mexer com o aplicativo, tem dificuldade para configurar seu site, minha dica é: corra atrás, persista! Persista, porque uma hora o desafio vai entregar os pontos e você conseguirá alcançar os resultados almejados.

GENERSON - #013 DE 365 - VENHA COMIGO E CONHEÇA A CAMINHADA QUE FIZ DURANTE 10 ANOS ATÉ OS CORREIOS

Neste vídeo mostrei qual era o trajeto que eu fazia quando a agência dos Correios de Itajobi (SP) era no local mais perto de minha casa. A agência ficava a três quarteirões e meio de minha casa. Como não tinha carro, tinha que ir a pé levar caixas nos Correios e geralmente tinha que ir correndo, porque estava quase em cima da hora para fazer a postagem.

O mais interessante é que durante a reconstituição desse acontecimento, enquanto corria, encontrei o Sapé novamente sentado em sua cadeira de área, cumprimentei-o e mantivemos um pequeno diálogo correndo:

Eu: — Aô, Sapé!

Sapé: — Aôo...

Eu: —Bom?

Sapé: — Corre...

Eu: — Corre (risos).

Quando fiz este vídeo, planejei descrever o ocorrido quando passei em frente à casa do Sapé, mas como já contei no capítulo #006, segue apenas um Ctrl+C, Ctrl+V para manter a linha de pensamento do vídeo:

"Lembro-me que um amigo vizinho, que também trabalhou de caminhão boiadeiro com meu pai durante várias décadas e é um grande amigo nosso, pelo qual temos um grande apreço, conhecido como Sapé e que mora há duas quadras de minha casa, me viu carregando as caixas, e a cada 5 ou 6 metros eu tinha que colocá-las no chão para descansar.

Aqui vai um parêntese: (eram 4h da tarde e eu ainda não tinha almoçado, por isso, talvez, esta falta de energia, né?). O Sapé estava sentando em sua cadeira de área, viu meu sofrimento e disse:

— Pega meu carro e vai lá levar as caixas nos correios.

Então agradeci, peguei o carro e terminei de levar as caixas nos correios sem sofrimento.".

Às vezes aparecem pessoas em nossas vidas que nos ajudam muito, e sou extremamente grato ao Sapé por tais ajudas.

No quarteirão seguinte eu tinha que atravessar o jardim da igreja matriz. Às vezes ir a pé era mais perto do que ir de carro, pois era possível "cortar o quarteirão" passando no meio do jardim. Quando chegava em frente à igreja, tinha que descer dois lances de escadas, atravessar a rua e chegar nos Correios.

No dia que fiz este vídeo, a agência dos Correios já tinha sido transferida para um prédio maior, para atender a demanda de postagens de várias empresas da cidade.

Após ter feito a minha primeira venda no e-commerce em 12/2005 e postar a mercadoria para uma cliente de New Jersey, EUA, super empolgado, dirigi-me a um orelhão que ficava em frente ao posto de saúde da cidade. Liguei para o meu irmão mais velho, Gerson, para contar o feito que eu tinha realizado, de realizar minha primeira venda na internet (além do mais, para outro país). Ele me parabenizou e disse:

— Pode ter certeza que você vai fazer muitas vendas e vai viver disso.

Essa profecia foi feita pelo meu irmão Gerson em 2005 e se realizou. Hoje estou vivendo de e-commerce. Este vídeo foi para mostrar detalhadamente o trajeto que fiz durante dez anos, no qual às vezes tinha que ir a pé nos Correios, e considerei importante compartilhar com você porque, independentemente de você ter ou não ter carro, moto, bicicleta, o importante é você fazer acontecer.

Se você tem um sonho, não desista. Corra atrás. Persista. Siga em frente e ajude a mudar o Brasil!

GENERSON - #014 DE 365 - RESOLVA OS PROBLEMAS DAS PESSOAS E TENHA SEGUIDORES FIÉIS

Eu utilizo o WhatsApp para atender clientes. Tenho uma cliente no Recife (PE) que possui uma lanchonete, e sempre que ela precisa de algum produto ou peça de reposição, ela me contata via WhatsApp. Recebi uma mensagem via WhatsApp, e para você entender melhor, recomendo você assistir ao vídeo na íntegra.

Considerando que a cliente ficou muito satisfeita com o atendimento prestado via WhatsApp e elogiou minha atuação, posso afirmar que são esses pequenos elogios que nos fazem continuar firmes na jornada. Ela me contatou perguntando o preço da peça e eu disse que ia enviar o produto no dia seguinte. Nem passei o preço para ela. Enviei o produto e como é uma cliente fiel, ela sempre me paga após 15 ou 20 dias.

O segredo está em você resolver os problemas das pessoas, e quanto mais você se preocupar em entregar soluções para seus problemas, mais elas se tornarão fiéis a você e mais você conseguirá fãs.

O elogio dela foi supernatural e, devido ao meu bom atendimento, ela improvisou a hashtag #genersonarrasa e até comentou: "Mais profissional como você por favor no mundo".

Portanto é muito bom nos esforçarmos e entregar um serviço além das expectativas, pois haverá reciprocidade em formas de elogios sinceros.

Tais elogios servirão de combustível para quando você se deparar com momentos difíceis e, assim, você vai ter maior confiança para continuar sempre entregando valor aos seus parceiros e clientes.

Preocupe-se com o seu cliente. Preocupe-se em resolver os problemas das pessoas e o resultado financeiro será consequência.

GENERSON - #015 DE 365 - O FOCO PODE TRAZER RESULTADOS EXTRAORDINÁRIOS PARA SUA VIDA

Fiz este vídeo numa sexta-feira, 15/07/2016. Esse dia da semana e do mês é crítico para mim porque é o fechamento do ciclo financeiro, ou seja, vendas realizadas no período 01-15, receberei o dinheiro no dia 1º do mês seguinte. Se eu não tivesse feito a postagem no dia 15, eu só receberia no dia 15 do próximo mês.

Portanto foi um dia tenso e várias coisas surgiram para tentar tirar o meu foco, como contas a pagar, inutilização de nota fiscal e "n" coisas que surgem repentinamente no dia a dia, e isso pode nos tirar o foco.

Tendo em vista que o foco era fazer a postagem no dia 15 antes das 17h, deixei a mesa toda bagunçada, embora a todo mundo surjam diversas tarefas em cima da hora e com uma falsa urgência, no entanto devemos ter uma mente forte, inabalável para não perder o rumo.

Então, durante sua rotina diária, você receberá muitos pedidos de favores e você deverá negligenciar tais pedidos de amigos, familiares e falar não. É muito importante você ter foco.

Uma dica de leitura importante para você melhorar sua rotina e colocar sua vida nos eixos é ler o livro *A única coisa*, escrito por Gary Keller e Jay Papasan.

Nesse livro, são ensinadas várias estratégias para você ter foco na vida pessoal, profissional, familiar, e é um investimento que todo mundo deveria fazer. Você pode encontrar esse livro na internet a preços acessíveis. É um livro de 207 páginas e de agradável leitura.

A lição deste capítulo é fazer você evitar a dispersão e buscar ferramentas que o ajudem a manter o foco em suas atividades diárias.

GENERSON - #016 DE 365 – DESCUBRA A IMPORTÂNCIA DA PLANTAÇÃO PARA COLHER RESULTADOS POSITIVOS

Há dois anos comecei a vender de tudo. Eu não focava em um nicho específico e vendia eletrodomésticos, eletrônicos, impressoras, computadores, liquidificadores, e lembro-me que fiz um cadastro de impressoras.

Cadastrei muitos anúncios de impressoras da Xerox, e nesta data, 16/07/2016, fiz uma venda. Acessei o administrador e vi que a venda de uma impressora de R$1.689,00 foi aprovada e terei um bom lucro com essa venda.

O aprendizado com essa experiência foi que, mesmo eu não sendo um especialista em impressoras, tomei a iniciativa de colocar esse anúncio no ar e fiz a venda dessa impressora. É algo que plantei há dois anos e colhi nessa data.

Se na sua vida você tem um sonho, comece a plantar agora. O que você pode fazer agora para colher daqui seis meses, um ano, dois anos?

O importante é você tomar ação, não procrastinar, não deixar para depois. Vá e faça o que deve ser feito agora. Não importa o horário que você está lendo este capítulo.

Finalize-o e inicie um planejamento de plantação para você colher nos próximos meses. Plante para colher bons frutos no futuro.

GENERSON - #017 DE 365 - APROVEITE O DOMINGO PARA PLANEJAR SUA SEMANA

O domingo é um dia que utilizo para planejar as metas semanais.

Às vezes utilizo as manhãs ou tardes de domingo para colocar no papel quais são os objetivos da semana.

Uma coisa importante que você deveria utilizar e colocar em prática é definir metas para a semana que se inicia.

Defini meu objetivo de colocar anúncios de Facebook para divulgar meu site durante a semana e converter vendas.

Esse será meu foco semanal.

Defina o que você pretende realizar nesta semana. Defina metas pessoais, profissionais e familiares. Coloque no papel, pegue um caderninho e escreva: na segunda-feira quero fazer isso, até na quarta quero deixar isso pronto, na sexta-feira quero atingir este nível.

Utilize o domingo para não apenas "ficar de bobeira", mas sim para começar a planejar como será a construção do seu alicerce.

Pode ter certeza que ao chegar na sexta-feira, você ficará extremamente grato pelo seu feito e terá valido a pena você "perder" algumas horas no domingo para ter planejado a semana que passou.

Utilize este hábito de planejar a semana logo no domingo, porque a longo prazo os teus resultados serão extremamente melhores.

GENERSON - #018 DE 365 - DESCUBRA A IMPORTÂNCIA DE TER UM CELULAR DE BOA QUALIDADE PARA EMPREENDER

Nesta segunda-feira, estive ausente das operações do meu e-commerce o dia todo.

Saí às 6h e retornei às 20h. Fiquei o dia todo numa cidade vizinha e tive que gerenciar meu negócio por meio do celular.

Precisei atender cliente, colocar novos pedidos por meio do WhatsApp para os fabricantes, precisei ajustar alguns detalhes com o contador, conversei com advogado para definir algumas questões jurídicas. Tive que colocar pedido da impressora que vendi e mencionei no capítulo #016. Fiquei o dia todo de olho no e-mail pelo celular, para responder e-mail e negociar com o fornecedor sobre tal impressora.

Também gerenciei os pedidos que foram aprovados no meu e-commerce. Tudo isso graças a um celular de qualidade.

Por que fiz este relato? Se você vai empreender na internet, não basta você ter apenas um notebook e ficar sentado na cadeira. É imprescindível que, além de ter um desktop ou notebook, você invista em um smartphone que tenha uma velocidade razoável para que lhe proporcionar mobilidade.

Procure ter um smartphone de qualidade para que você consiga gerenciar o negócio mesmo a distância.

Evidentemente, muitas tarefas ficaram pendentes porque era necessária a minha presença, mas quando você tem um dispositivo móvel que garanta dar produtividade no andamento do seu negócio, isso ajudará bastante.

Invista em um smartphone de qualidade para você empreender no e-commerce.

GENERSON – #019 DE 365 – VEJA O TRANSTORNO CAUSADO POR EU NÃO TER EMBALADO MERCADORIA CORRETAMENTE

Dez segundos após eu ter iniciado a gravação deste vídeo, o sino da igreja matriz bateu às 18h e iniciou uma música. Dei continuidade no vídeo mesmo com a música em alto volume.

Neste vídeo, comentei sobre a embalagem de um filtro de água feito totalmente de plástico, o qual não protegi corretamente e chegou ao cliente com a base e a tampa quebradas.

A caixa era em formato sextavado e eu não coloquei isopores entre o filtro e a caixa de papelão, e isso contribuiu para não evitar danos durante o transporte. A mercadoria foi devolvida.

Quando é necessário transportar produtos frágeis, devemos condicionar a caixa original dentro de outra caixa para que a proteção se torne melhor. Lembre-se de proteger com isopores e plástico bolha.

Portanto proteja bastante as embalagens dos produtos que você precisar enviar.

GENERSON - #020 DE 365 – DESCUBRA POR QUE VOCÊ DEVE FAZER AS COISAS MAIS IMPORTANTES NO INÍCIO DO DIA

No dia 20/07/2016, precisei ficar metade do dia fora das minhas operações do e-commerce e muitas atividades ficaram sem ser resolvidas. Sempre tive o hábito de fazer vídeos durante o dia no decorrer de minhas operações, mas pelo fato de não estar na minha cidade nesse dia, tive que fazer o vídeo às 8h da noite. Muitas vezes vão acontecer imprevistos que atrapalharão a sua rotina.

É muito importante você ter um planejamento, um Plano B para saber como você vai fazer esse gerenciamento de imprevistos. Às vezes você planeja, mas imprevistos acontecem e podem comprometer sua rotina diária.

Pelo fato de eu não ter resolvido coisas que não foram resolvidas durante o dia, tive que trabalhar até a madrugada para zerar as pendências do dia. Como eu me comprometi em fazer 365 vídeos durante 365 dias, parei na rua e gravei este vídeo para compartilhar esta experiência, a qual serve de alerta para você, pois tudo que você considera ser importante realizar no seu dia, recomendo que você faça nas primeiras horas da manhã, porque no restante do dia sobram as atividades menos importantes.

Portanto, para não ter que fazer a mesma coisa que fiz durante este dia, isto é, trabalhar à noite e início da madrugada para dar conta de resolver as pendências, invista sua energia nas coisas mais decisivas de sua vida nas primeiras horas da manhã, para que sua produtividade alcance altos níveis.

GENERSON - #021 DE 365 - DESCUBRA A IMPORTÂNCIA DE TER PLANO A,B,C,D,E...

No capítulo anterior, enfatizei a importância de você fazer as coisas mais importantes logo nas primeiras horas do seu dia, porque você terá mais energia para fazê-las.

Logo após ter gravado o vídeo que originou o capítulo 20, fui conferir o repasse das vendas que efetuei no meu e-commerce e constatei que foi repassado apenas 70% do valor a receber. Tentei resolver isso durante a noite e questionar o intermediador de pagamentos por não ter repassado os outros 30%, mas o expediente deles já havia encerrado.

Fui dormir, acordei às 4h30, elaborei um e-mail supercompleto relatando o ocorrido, questionando por que não foi repassado o valor integral.

No início da manhã, responderam e disseram que foi um erro deles e eles iam repassar para mim, no entanto no meu fluxo de caixa eu já contava com os 100%, porque iam cair cheques de fornecedores, boletos e estava totalmente alinhada essa parte.

Eu havia combinado com o fornecedor de retirar produtos e pagar em dinheiro, pois eu já estava contando com esse repasse.

Como esse repasse não foi feito integralmente, eu tive que pedir para esse fornecedor se ele aceitava esperar o cheque pré-datado.

Às 10h, o meu fornecedor respondeu que eu poderia ir buscar as mercadorias e dar o cheque pré-datado. Fui até o fornecedor retirar as mercadorias e, no momento que cheguei lá, praticamente comigo estacionou um carro e era um inspetor do INMETRO, ou seja, nesta mesma manhã, a indústria estava aguardando visita anual do inspetor do INMETRO, na qual todas indústrias são avaliadas se estão dentro das normas desse órgão.

Neste dia não foi possível retirar as mercadorias de manhã porque era necessário aguardar o início e finalização da análise do INMETRO para ver se a fábrica estava ok.

Somente após às 16h as mercadorias foram liberadas para retirar.

Portanto foi um dia que tive que enfrentar alguns desafios, primeiro porque tive que elaborar um Plano B referente ao repasse incompleto feito pelo intermediador de pagamento, onde tive que pagar pedido com cheque pré-datado, e segundo por eu não ter retirado mercadorias pela manhã, e com isso não foi postado nenhum produto para os clientes neste dia, pois estava muito próximo das 17h quando consegui retirar os produtos.

Às vezes, mesmo você querendo fazer tudo nas primeiras horas do seu dia, outras ocorrências podem acontecer e impactar seu negócio.

Este é um momento que você deve estar com a cabeça firme e ter um bom controle emocional para manter a serenidade e buscar alternativas.

Portanto o aprendizado deste vídeo foi que não devemos ter somente um Plano B. É sempre bom ter um Plano B, C, D, E... pra que você não fique na mão caso aconteça algum imprevisto com você ou seus parceiros.

GENERSON - #022 DE 365 - PRESSIONE A OUTRA PARTE QUANDO VOCÊ ESTIVER COM A RAZÃO

Você notou que nos últimos dois capítulos enfrentei alguns desafios com o intermediador de pagamentos do meu e-commerce, quando houve atraso no repasse de minhas vendas e foi uma correria.

Ontem não conseguiram fazer este repasse para mim, e hoje, às 9h, quando o suporte do intermediador de pagamentos começou a trabalhar, iniciei uma maratona de ligações a cada 20 ou 30 minutos durante a manhã. Até as 11h fiz oito ou dez ligações para a equipe de suporte, cobrando-a para consertar o erro cometido ao não ter feito o repasse total de minhas vendas.

Finalmente, por volta das 12h, eles conseguiram disponibilizar o valor para eu fazer o saque. Somente após essa conquista é que fui tomar café da manhã por volta das 11h.

Então, muitas vezes, nós precisamos ser "chatos" quanto estamos com a razão e pressionar, pressionar, pressionar e ser incisivos para que as pessoas resolvam.

Quando a culpa não é sua, você deve fazer uma pressão para que as pessoas resolvam um eventual erro que possa prejudicá-lo.

Este foi mais um aprendizado que peguei para mim. Devo trabalhar corretamente e procurar não pisar na bola com os outros, porém, quando isso é o inverso e as pessoas pisam na bola comigo, devo pressionar, pressionar, pressionar, para fazer eles resolverem uma eventual falha. Sendo assim, na vida pessoal, profissional, se você estiver com a razão, você tem o direito de pressionar a outra parte para que seja solucionado e que o seu lado seja resolvido.

Não se intimide em pressionar a outra parte quando você estiver com a razão.

GENERSON - #023 DE 365 - CORRA EM BUSCA DO TEU SONHO

Você notou que nos últimos capítulos foram mencionadas situações estressantes e conflitantes devido aos desafios enfrentados.

Neste 23/07/2016, fechei a semana correndo atrás do meu sonho, literalmente.

Me inscrevi numa corrida noturna de 6 quilômetros. Essa é a primeira vez que realizo uma corrida oficial. Após dez minutos do término da corrida, fiz um vídeo enquanto ia para o meu carro, no qual relatei minha experiência por ter adotado um novo hábito em minha vida.

Pensei... são somente 6 quilômetros... vou me inscrever. Até então nunca tinha feito uma corrida oficial.

Aprendi que se você tiver um sonho e for persistente, você conseguirá realizá-lo.

Este capítulo é para incitá-lo a correr atrás do teu sonho e fazer a diferença!

GENERSON - #024 DE 365 - DESCUBRA COMO ATRAIR COISAS BOAS PARA VOCÊ ATRAVÉS DA GRATIDÃO

No dia a dia do meu e-commerce, eu me deparo com muitos desafios, e inconscientemente nós temos que tomar muito cuidado para não reclamar de alguma coisa que não saiu corretamente. Um hábito que adoto frequentemente é sempre quando coloco a cabeça no travesseiro para dormir, converso comigo mesmo e agradeço por todas situações que passei durante o dia, sejam situações boas, sejam situações que possam causar algum prejuízo, até mesmo quando fui notificado sobre uma ação judicial.

No entanto, eu agradeço e, no mínimo, aprendo que na próxima vez que me deparar com problemas assim, saberei como agir para não ocorrer reincidência nesses casos. Portanto, sempre antes de dormir, eu agradeço pelo que aconteceu e procuro focar mais na gratidão do que na ingratidão, isto é, agradeço mais pelas coisas boas para minimizar as coisas negativas.

Evito fazer maledicências e é assim que conseguimos atrair mais sucesso em nossa vida. Agradeça por tudo que você conquistou e tudo que você tem e seja específico.

Agradeça pelo ar que você respira, agradeça pela cadeira em que você se senta à mesa para comer o seu alimento, pelo automóvel que você tem, pelos seus pais, familiares e inúmeros amigos, agradeça por você enxergar, ouvir, falar.

São esses tipos de agradecimentos que vão atrair as coisas boas.

Quando gravei este vídeo no domingo, 24/07/2016, compartilhei algo que aconteceu comigo no dia anterior. Participei de uma corrida noturna, ganhei uma medalha de participação, e tal experiência serviu de exemplo para eu atingir todos os objetivos que eu desejar na minha vida, pois tudo que acreditamos e fazemos com afinco e persistência conseguimos alcançar.

Talvez essa medalha seja insignificante, mas se você escalar este modelo mental de conquistas, você pode alcançar outros objetivos.

No meu caso, isso pode ser o pontapé inicial de inúmeros projetos em várias áreas de minha vida.

O que você está fazendo para neutralizar as notícias negativas que a mídia passa todo dia?

O que você está fazendo para trazer coisas positivas para sua vida?

Agradeça pelas coisas boas que você tem atualmente, e com isso você vai gerar um ambiente somente com coisas positivas.

Portanto propague somente coisas positivas e que vão gerar valor para as pessoas ao seu redor.

Seja grato por tudo que você tem e por tudo que você é.

GENERSON - #025 DE 365 - DESENVOLVA UM BOM RELACIONAMENTO COM SEUS PARCEIROS LOGÍSTICOS

O dia 25/07/2016 foi um dia crucial para o meu e-commerce, porque o 25º do mês é uma data de corte para eu receber minhas vendas, ou seja, para eu receber no dia 20/08, eu devo postar as mercadorias até o dia 25/07. Se eu postar no dia 26/07, eu só receberia em 20/09.

Então foi uma correria durante o dia hoje, porque tive que preparar as mercadorias, embalar, levar aos Correios, e já eram 16h20, tive que agilizar, cheguei nos Correios às 16h25.

Na minha cidade, depois que a agência dos Correios foi para outro prédio, somente as mercadorias postadas até as 16h30 é que vão no caminhão daquele dia.

Se as minhas mercadorias não tivessem sido postadas antes das 16h30, elas só seguiriam viagem amanhã e, ao seguir a viagem neste dia 26/07, eu receberia o pagamento dessas mercadorias em 20/09.

Ainda bem que temos bom relacionamento nos Correios e os funcionários colaboraram para encaixar nos envios do dia, e ainda bem que deu certo de as mercadorias seguirem viagem hoje.

Isso foi graças ao bom relacionamento que tenho com eles, e aprendi que cada vez mais devemos ter respeito com o pessoal dos Correios e transportadoras, porque em momentos que você precisar deles, haverá uma reciprocidade e eles vão colaborar com você.

Invista na construção de um relacionamento sólido e respeitoso com seus parceiros logísticos, para que quando você precisar que eles deem uma mãozinha para você, eles não meçam esforços para ajudá-lo.

GENERSON - #026 DE 365 - MESMO COM RISCOS, APROVEITE OPORTUNIDADES QUANDO SURGIREM

No dia 26/04/2016, vendi um climatizador de ar.

Há 30 dias, quando o inverno estava um pouquinho mais rigoroso, a Consul me ligou oferecendo climatizador de ar quente e frio. Eles vendiam a R$380,00 +-. Mas para não ficar com o estoque "encalhado", fizeram uma promoção e me passaram a R$265,00.

Então me ligaram e disseram que tinham 600 a 700 unidades em estoque e eles estavam vendendo um pouco mais barato para desovar o estoque.

No momento em que eu conversava com o vendedor da Consul, ele me disse que estava com 700 produtos há algumas horas e agora está com 670 unidades. A equipe de vendas estava focada em desovar esse estoque, portanto era um momento de aproveitar a oportunidade.

Como o preço informado pelo vendedor ia me gerar uma margem de lucro de 80%, decidi comprar quatro unidades para aproveitar essa oportunidade. Hoje fiz uma venda.

Com isso, aprendi que às vezes precisamos correr um risco para aproveitar oportunidades.

Há três anos comprei 20 climatizadores de ar Consul, mas não era quente e frio. Era apenas na função frio. Os produtos ficaram parados no estoque e não consegui vender. Então, para não perder a oportunidade e também não correr grandes riscos, comprei apenas quatro unidades.

Portanto o insight que eu quero passar para você é: apareceu uma oportunidade? Tenha coragem para arriscar. Evidentemente que você tem que tomar ações que sejam conscientes para não "cair do cavalo".

GENERSON - #027 DE 365 - DESCUBRA COMO PAGAR O FRETE MAIS BARATO PARA ENVIAR E RECEBER MERCADORIAS

Neste 27/07/2016, passei o dia todo procurando uma transportadora para enviar uma mercadoria para Contagem (MG). Era uma mercadoria por volta de 15 kg. Fiz a cotação pelos Correios por meio da modalidade PAC e da modalidade Sedex. No PAC era R$77,00, e no Sedex R$194,00. Há algum tempo descobri um site que tem informações de várias transportadoras.

O site é www.transvias.com.br, e você acessa, informa a origem e destino da mercadoria que você quer transportar, aparecerá todas as transportadoras que fazem o trecho.

Durante toda a tarde fiz várias ligações para transportadoras que atendem o trecho Itajobi (SP) a Contagem (MG) e apareceu uma relação de centenas de transportadoras. Comecei a ligar. Consegui uma transportadora que cobrava R$104,00 e demorava 7 dias. Encontrei uma que me entrega em 5 dias e cobrou R$44,00.

Pelo Correios era R$77,00 pela transportadora, o prazo de entrega era menor e consegui um preço mais convidativo.

Então se você quiser pesquisar transportadoras para transportar mercadorias para qualquer lugar do Brasil, acesse www.transvias.com.br.

Sempre que você precisar fazer um envio ou receber alguma mercadoria de qualquer localidade do Brasil, você pode pesquisar quais transportadoras fazem esse trecho e pode indicar para o seu parceiro ou para a pessoa que pretende fazer esse envio para você.

Isso diminuirá o custo no envio de mercadorias ou na logística reversa do seu negócio.

Existem centenas, milhares de transportadoras no Brasil, e o site www.transvias.com.br ajudará a filtrar e encontrar os melhores preços e vai colaborar para você economizar no frete.

GENERSON - #028 DE 365 – ESTAMOS PREPARADOS PARA ATENDER CLIENTES DO RJ DURANTE OS JOGOS OLÍMPICOS

Neste 28/07/2016, logo pela manhã, recebi um e-mail dos Correios me informando quais vias serão interditadas no RJ durante as Olimpíadas. Recebi um documento com cinco páginas no qual constava nome das ruas, o dia de restrição de cada jogo e CEP relacionado.

A área do Estádio Olímpico João Havelange "Engenhão" terá inúmeras ruas e não as citei no vídeo para não ficar longo demais.

Com esse material ficou mais fácil programar os envios para essa região.

Além da Área do Engenhão, tem a Área do Maracanã, Área do Parque Olímpico Rio Centro e Área de Deodoro.

Hoje passei o dia ajustando esses detalhes de como vou fazer os envios dos produtos durante as Olimpíadas e deixei ajustado com uma transportadora.

Para este período de Olimpíadas, decidi utilizar transportadora para evitar um eventual atraso e com isso sofrer ações judiciais.

Esta foi a notícia de hoje.

Que venham os Jogos Olímpicos, pois estamos preparados para atender nossos clientes no e-commerce.

GENERSON - #029 DE 365 - VEJA A IMPORTÂNCIA DE CORRER RISCOS CALCULADOS

Neste 29/07/2016, algo foi concretizado. Num dos vídeos anteriores, eu disse que havia comprado quatro climatizadores de ar aproveitando uma promoção da Consul, e agora vendi a última unidade na voltagem 220V.

Portanto, neste momento, aprendi que devemos, sim, arriscar, comprar produtos que às vezes poderiam ficar parados no estoque, porém devemos correr um risco calculado.

Comprei apenas duas unidades 220V, e como o inverno está praticamente no final, consegui vender o último climatizador quente-frio. Portanto você deve dosar, arriscar e correr risco sob medida para avançar no seu e-commerce.

GENERSON - #030 DE 365 - DESCUBRA A IMPORTÂNCIA DO FACEBOOK PARA TRAZER CLIENTES PARA O SEU NEGÓCIO

No dia 30/07/2016, foquei em desenvolver campanhas de marketing por meio de anúncios no Facebook. Utilizei a ferramenta Facebook Ads e fiz mais de 40 anúncios que direcionam para o meu site.

Com isso, vou capturar os e-mails dos clientes que têm interesse nos produtos de minha loja, construir um relacionamento por e-mail e, assim, fazer vendas.

Se você tem uma loja física ou uma loja virtual, considere fazer campanhas no Facebook, porque o Facebook é uma plataforma que tem muitos visitantes e certamente o seu público-alvo também estará nessa plataforma.

Então, este foi o relato de hoje, no qual foquei em fazer campanhas de anúncios no Facebook.

GENERSON - #031 DE 365 - APROVEITE O ÚLTIMO DIA DO MÊS PARA ESTABELECER METAS DO MÊS SEGUINTE

Domingo é um dia para estar com a família, no entanto o empreendedor precisa adaptar sua rotina de acordo com o momento.

No último dia do mês de julho, aproveitei para planejar as principais ações do mês seguinte. Foram traçadas metas e objetivos para o mês de agosto.

Dica: utilize o domingo para planejar a semana ou mês seguinte.

GENERSON - #032 DE 365 - POR QUE SE LEMBRAR DE ESCREVER TELEFONE OU E-MAIL DA PESSOA ANTES DE ENCERRAR LIGAÇÃO

Hoje, neste 01/08/2016, passei o dia tentando fazer contato com um fornecedor. Você notou que nos vídeos anteriores citei que recebi uma proposta da Consul para comprar climatizadores de ar quente e frio.

Após várias análises, decidi comprar apenas quatro unidades. Tais unidades foram entregues para mim. Vendi dois, porém no final de semana, sábado e domingo, foram feitas duas vendas dos únicos climatizadores que eu tinha em estoque e, além dessas duas vendas, entraram mais três vendas, produtos que eu não tinha em estoque e seria necessário fazer novo pedido.

Tirei um produto do ar, só que devido a uma falha minha, não salvei a alteração no anúncio e os produtos continuaram sendo vendidos e isso gerou mais três vendas.

Com isso, agora eu tenho que enviar para os clientes. É simples. É só colocar o pedido no fornecedor e ele entregará. O principal desafio neste caso é: quando fiz os pedidos dos quatro climatizadores que estavam em estoque há dois meses, fiz o pedido com um vendedor da Consul, e quando a mercadoria estava vindo, esse vendedor desligou-se da Consul e minha empresa foi transferida para a carteira de outro vendedora.

A vendedora entrou em contato comigo há duas semanas, apresentou-se e informou que seria responsável por meu atendimento daqui para frente na Consul.

Ela disse que ia enviar o contato dela por e-mail contendo telefone e Skype para mantermos contato, no entanto cometi uma falha de não anotar no papel o número de telefone e Skype para adicioná-la e quando tivesse um pedido já chamá-la.

Acontece que essa vendedora não entrou em contato comigo. Eu não tenho o contato do antigo vendedor responsável por meu CNPJ na Consul. Nesta segunda, 1º de agosto, eu liguei no 0800 da Consul e não consegui falar com eles sobre qual é a pessoa que irá me atender.

Tive que deixar uma mensagem no site da Consul com uma solicitação para entrarem em contato comigo visando esclarecer qual vendedor será o responsável pelo atendimento. O aprendizado com este caso foi: mesmo que a outra parte prometa que vai lhe enviar e-mail, devemos ser incisivos, cobrar e pegar pelo menos o telefone, o contato e "não sair com a mão abanando", como eu permiti ao confiar que o vendedor da Consul entraria em contato comigo para informar contato por meio de uma apresentação formal.

Dica: nunca desligue o telefone sem antes pegar o contato do seu fornecedor.

GENERSON - #033 DE 365 - DESCUBRA A VANTAGEM DE TER CLAREZA NA COMUNICAÇÃO COM SEU FORNECEDOR

Nos últimos vídeos, relatei desafios enfrentados com o fornecedor Consul, no qual o funcionário que me atendia foi desligado da empresa e fui transferido para a carteira de outra vendedora. Essa vendedora me ligou, se apresentou, e eu não peguei o contato dela.

Fiz mais vendas do meu produto, fui colocar mais pedidos na Consul e, como eu não tinha o telefone desta nova vendedora, passei vários dias ligando no 0800.

Após alguns dias, a vendedora retornou a ligação e finalmente fui atendido. Tive uma surpresa ao colocar este novo pedido, porque ao fazer o pedido há dois meses, era uma promoção e paguei R$265,00, e vendi a R$497,00 no site, no entanto fui colocar outro pedido agora e disseram que foi para R$550,00.

Tornou-se inviável comercializar esse tipo de produto. Quando o vendedor antigo me ligou era uma promoção pontual, e após finalizar o lote que estava na promoção, o preço voltou ao normal, ou seja, R$ 550,00.

Naquele momento, se eu tivesse o capital de giro maior, poderia ter aproveitado e feito um estoque maior, porém eu poderia ter corrido o risco de não vender e ficar com um estoque de climatizadores parado e empatar dinheiro.

O aprendizado com este caso é que eu deveria ter buscado maiores informações sobre qual seria o valor do produto após sair dessa promoção. Também deveria ter mantido contato com a vendedora que me atende para ajustar algumas informações.

Ficou claro que nesta negociação com a Consul faltou um pouco mais de clareza, e isso me alertou para as próximas negociações com fornecedores.

Ter mais clareza e prestar atenção às regras de uma promoção para evitar perdas de oportunidades.

GENERSON - #034 DE 365 – VEJA O QUE FIZ QUANDO UMA MERCADORIA FOI ROUBADA DURANTE O TRANSPORTE

No dia 3 de agosto de 2016, aconteceu algo estranho. Vou explicar para você. Em maio de 2016, visando a chegada do inverno, apostei na venda de um produto sazonal: aparelho de fondue. Fiz uma venda para a cidade de São Paulo, fiz o envio pelos Correios. Após 15 dias, a mercadoria ainda não tinha sido entregue. Consultei o rastreamento no site dos Correios e constatei que a mercadoria tinha sido roubada.

Imediatamente, coloquei um novo pedido desse fondue com meu fornecedor do Rio Grande do Sul. A mercadoria chegou, e quando fui enviar para o cliente, ele havia solicitado a devolução do dinheiro. Infelizmente, se o cliente não recebeu o produto, ele não quer saber se o produto foi roubado ou se deixei de enviar. O cliente está com razão, então tive que fazer o estorno.

Com isso, perdi o produto que foi roubado e fiquei com um novo produto que recebi do fornecedor em estoque. Nos vídeos anteriores, você notou que falei sobre essa minha indecisão de manter estoque de climatizadores de ar para evitar que ficassem "encalhados".

GENERSON - #035 DE 365 – DESCUBRA A IMPORTÂNCIA DO WHATSAPP PARA AJUDÁ-LO EM ASSUNTOS JURÍDICOS

Neste 04/08/2016, passei o período da tarde no escritório de advocacia para tratar de um caso em que um parceiro que me vendeu um serviço, formalmente, por meio do contrato, me dizia uma coisa, e no papo, para me vender, dizia outras palavras. Não ficou claro para mim. Antes de fechar esse contrato desse serviço com ele, procurei um advogado para ele analisar se a empresa desse parceiro era legal.

Evidentemente, não citarei o nome da empresa desse parceiro, mas uma alternativa foi questionar minhas dúvidas por meio de áudio por WhatsApp, e ele me respondeu por WhatsApp. Peguei tais mensagens e encaminhei ao advogado. Toda conversa que eu e meu futuro parceiro tivemos, coloquei ao meu advogado para ele analisar se realmente ele era idôneo.

É necessário sempre ter um suporte para obter apoio quando precisarmos de informações jurídicas. Neste dia de hoje, utilizei a estratégia de toda comunicação feita com este meu parceiro, informarei ao meu advogado para ele ficar por dentro para ver se meu parceiro age na legalidade.

Dica: toda vez que você fizer algum contrato e tiver alguma dúvida, é bom você ter um advogado e gravar áudios da negociação com a outra parte para que você futuramente não venha a ter prejuízos numa negociação devido ao fato de você não ter compreendido algumas regras que possam estar escondidas e não foram ditas e/ou transcritas no contrato.

GENERSON - #036 DE 365 - RELACIONAMENTO PESSOAL É TÃO IMPORTANTE QUANTO TRANSAÇÃO COMERCIAL

Nesta sexta-feira, 05/08/2016, não estive totalmente presente nas operações do meu e-commerce. No início desta semana, um fornecedor meu recebeu um contato no Fale Conosco deles, no qual ele solicitava um produto, porém como o fornecedor não vende diretamente ao cliente final, eles me indicam quando alguém precisa comprar um liquidificador industrial.

A indústria passou o contato da pessoa, liguei para ela. O cliente queria um liquidificador de 4 litros, informei as seguintes condições de pagamento: depósito ou cartão de crédito por meio do PagSeguro.

Acordamos de fazer o pagamento por meio do PagSeguro. Enviei a cobrança por e-mail, foi paga, aprovada, ok! Eu poderia enviar pelos Correios ou o cliente vir retirar. O cliente optou pela retirada do produto.

Na quarta-feira, 03/08/2016, o cliente veio retirar. Ele mora em Taquaritinga (SP) e a distância até minha cidade, Itajobi (SP), é por volta de 120 km. Ele veio, entreguei o liquidificador de 4 litros de baixa rotação e ele ia precisar do liquidificador para bater tomate e fazer molho de tomate. Na quinta-feira, 04/08/2016, ele me contatou dizendo que o liquidificador deixava pedaços grandes de tomates e não ficavam totalmente batidos. Ele pediu se eu trocava esse de baixa rotação que ele havia comprado por um de alta rotação.

Eu disse que trocava e disse para ele vir até aqui na sexta-feira, 05/08, para fazer essa troca, no entanto, na sexta-feira, eu não estava em minha cidade e expliquei para ele:

"Estarei em Santa Adélia (SP), e se você retirar em Santa Adélia, economizará 40 km, porque é mais perto de Taquaritinga do que de Itajobi". Nessa tarde combinada, ele chegou até a casa onde eu estava, expliquei para ele a diferença entre o liquidificador de alta rotação e baixa rotação. Foi uma transação em que houve uma confiança mútua.

Após ele fazer essa troca de produto, ele falou: "Vou indicar o teu site, vou indicar você porque gostei do seu atendimento, estou satisfeito e muito obrigado".

O aprendizado com este caso foi: em toda negociação, não devemos ficar somente naquela transação comercial, na qual há somente uma troca de produto por dinheiro, mas sim a construção de relacionamento. Na primeira vez que ele foi buscar o liquidificador, ele entrou em casa, expliquei para ele, houve a construção de confiança.

Na segunda vez que ele veio para fazermos a troca, ele trouxe o pai dele, entraram em casa, conversamos sobre assuntos diversos. Houve início de relacionamento a longo prazo e é isso que vai mover o sucesso da sua empresa, dos seus negócios a longo prazo.

Foque na construção de relacionamentos, com isso os resultados ocorrerão naturalmente.

GENERSON - #037 DE 365 - NUNCA SE PREPARE QUANDO VOCÊ JÁ PRECISA ESTAR PRONTO

Neste 06/08/2016, decidi adotar algumas práticas no meu e-commerce para evitar a procrastinação, adiar coisas que devem ser feitas. Os pedidos que foram aprovados no final de semana, envio para o fornecedor no domingo à noite ou segunda de manhã, porém me deparei com reclamações de atraso na entrega.

Quando compramos uma mercadoria na internet, queremos recebê-la "ontem". É uma obrigação do e-commerce entregar antes do prazo estabelecido. Uma falha identificada foi o atraso na entrega. Para evitar esses atrasos, hoje puxei todos pedidos que foram aprovados ontem e hoje e enviei ao meu fornecedor para retirá-los na segunda-feira.

Parece que não, mas um ou dois dias antes no prazo de entrega ao seu cliente fará uma grande diferença na melhoria da qualidade do seu negócio.

Neste sábado, coloquei todos os pedidos que foram aprovados junto ao meu fornecedor, e também um insight que me surgiu agora e posso mencionar pra você é que se você tem uma tarefa para entregar daqui dois ou três dias, e se você tiver um tempinho extra hoje, adiante essa tarefa e não deixe chegar em cima da hora para fazer o que você tem que fazer.

Precisamos ter consciência à seguinte máxima: nunca se prepare quando você precisa estar pronto.

GENERSON - #038 DE 365 - VEJA O QUE FAZER PARA MANTER A CALMA QUANDO TIVER PROBLEMA COM TECNOLOGIA

Domingo, 07/08/2016, 11h, precisei emitir nota fiscal de uma venda e quando fiz o envio ao Sefaz, deu falha na transmissão da NF no sistema. Pensei que era um problema da minha internet, mas era um problema na Secretaria da Fazenda, no qual o sistema estava indisponível naquele momento às 11h da manhã.

Naquele momento não havia o que fazer. Simplesmente fechei o notebook e falei: "Vou tentar mais tarde". Por volta das 16h, liguei o notebook para passar essa nota fiscal e a tecla Shift estava travada. Com isso, todas as demais teclas ficaram inoperantes... não tinha como digitar nada! Pensei: "Não basta a falha de comunicação com a Secretaria da Fazenda, agora é meu notebook que deu pau!"

Mais uma vez fechei meu notebook, dei uma volta. Quando acontece algum problema assim, procuro me desligar. Pego, saio daquele foco onde está o problema e vou espairecer, dar uma volta no quarteirão e, com isso, ao retornar, minha cabeça está mais leve e consigo resolver o problema.

Este domingo foi um pouquinho tenso devido a esses problemas tecnológicos, primeiro com a Secretaria da Fazenda e depois com uma falha no notebook.

Dica: se você tem algum problema com o computador, tecnologia que você utiliza, desliga, vá até a esquina, dê uma volta no quarteirão, olhe para o passarinho voando... olhe para o céu... para o sol... para o verde das árvores. Isso lhe trará clareza.

São atitudes simples que contribuirão para você manter a cabeça leve e pronta para tomar decisões.

GENERSON - #039 DE 365 - DESCUBRA A IMPORTÂNCIA DE PAGAR BOLETOS 1 DIA ANTES DO VENCIMENTO

Era uma segunda-feira, 08/08/2016. Logo pela manhã, eu tinha que retirar um pedido numa fábrica a 100 km de minha cidade, e o vendedor que me atendeu disse que na hora de retirar os produtos eu precisava levar o comprovante de pagamento de um boleto vencido.

Detalhe: esse boleto venceu no sábado, 06/08/2016. Toda vez que um boleto vence no sábado, domingo ou feriado, ele pode ser pago no dia útil seguinte. Falei para o vendedor: "O boleto venceu dia 6 e eu posso pagar no dia 8, segunda, isso é óbvio". Paguei o boleto na segunda, levei o boleto com o comprovante grampeado, entreguei para a recepcionista, ela pediu para o Financeiro conferir e só depois foi faturado, emitida a nota fiscal do meu pedido e a retirada dos produtos.

Eu acredito que não tinha necessidade de ficar totalmente engessado e não liberar o pedido para mim antes dessa conferência, porque sempre paguei esse fornecedor em dia, porém é uma política da empresa e tive que respeitar. Demorou uma hora até fazer essa conferência e pedir para ser faturado e autorizado para carregar os produtos.

Enquanto eles faziam essa conferência, fiquei pensando como uma empresa que tem vários colaboradores faz com que os processos andem lentamente. Não sou contra esse tipo de regra de uma empresa que tem vários funcionários. É necessário ter esse controle.

Por outro lado, comecei a pensar: "O que eu posso fazer para não passar por essa situação novamente?" O boleto venceu dia 6, sábado. Eu poderia ter pago na sexta-feira, e até a noite ia constar pagamento efetuado no sistema, e hoje o pedido poderia ter sido faturado normalmente.

Em vez de eu fazer uma crítica à burocracia, parei e pensei: "O que posso fazer da próxima vez para evitar esse atraso na liberação de pedido?" Resposta: pagar um dia antes do vencimento, simples assim. Às vezes cometo esse erro de criticar a burocracia.

Às vezes entro no senso comum que é todo mundo criticar a fila em banco, demora na entrega de pedido, mas aí você pode se perguntar: o que você está fazendo para melhorar isso aí?

Não culpar a regra do negócio. Identifique um insight que surgiu ali na hora. Em vez de procurar culpados, veja onde você pode melhorar para evitar esses empecilhos na tua vida.

Após uma hora, consegui carregar as mercadorias e deu tudo certo. Esse foi mais um insight que tive ali para evitar pagar boletos de fornecedores em cima da hora, no dia do vencimento.

Vou procurar pagar um dia antes para evitar esses atrasos, até porque os clientes do meu e-commerce não podem esperar.

GENERSON - #040 DE 365 – DESCUBRA A IMPORTÂNCIA DE ESTABELECER PRAZO DE ENTREGA MAIOR PARA O CLIENTE

Neste dia eu havia programado de pegar pedidos no meu fornecedor no período da manhã, porém, no meio da manhã, fui informado pela expedição sobre a disponibilidade somente após as 16h. Gravei este vídeo às 16h40 dentro do carro na rua, com as mercadorias no porta-malas do carro. Como a agência dos Correios fechava às 17h, não foi possível postar naquela tarde.

Esse pequeno imprevisto me deixou alerta de sempre colocar um prazo de entrega de um ou dois dias a mais, pois é normal ocorrer algum imprevisto tanto comigo quanto na entrega do fornecedor.

Para não impactar a experiência do cliente, uma coisa que eu preciso rever é colocar um ou dois dias a mais no prazo final de entrega ao cliente para que ele tenha uma boa experiência no meu e-commerce.

GENERSON - #041 DE 365 - VEJA A IMPORTÂNCIA DE TER ESTOQUE DE MERCADORIAS À PRONTA-ENTREGA

Nesta quarta, 10/08/2016, tive uma experiência muito boa pela manhã! Consegui colocar todas as mercadorias nos Correios antes do almoço. Isso aconteceu porque no vídeo de ontem falei que saí da fábrica às 16h30... 16h40, e como a agência dos Correios fecha às 17h, não deu tempo de postar as mercadorias.

Utilizei a noite de ontem e parte da manhã de hoje para emitir notas fiscais e colar etiquetas nas caixas. Por volta das 10h30, havia levado todas as caixas nos Correios. Isso aconteceu porque eu tinha mercadoria em estoque.

Geralmente, quando vou postar as mercadorias no período da tarde, como as fábricas são na minha cidade, vou às 13h30, 14h buscar mercadorias e faço a postagem até as 16h30. Ontem peguei mercadorias no final da tarde e não foi possível postar. Hoje até as 10h30 havia postado e foi só passar o n.º de rastreamento aos clientes.

Fiquei com a tarde totalmente livre e isso me fez refletir sobre a importância de ter um estoque mínimo à pronta-entrega para evitar essa correria desnecessária para postar no mesmo dia. Se eu tivesse estoque anteontem... ontem, teria evitado estresse.

Para ter um estoque é necessário ter capital de giro, e preciso cuidar do meu fluxo de caixa para não correr o risco de ficar com mercadorias paradas igual aconteceu naquele caso dos climatizadores de ar (vide vídeo #032).

Vou procurar trabalhar nesse detalhe de manter estoque próximo, sempre presente para não ter atrasos nas postagens. É um passo de cada vez e vou procurar trazer melhorias para que a minha rotina diária seja facilitada.

GENERSON - #042 DE 365 - É IMPORTANTE TER PACIÊNCIA DIANTE DE SITUAÇÕES CONFLITANTES

Neste dia me lembrei de um caso ocorrido na segunda, 08/08/2016. Eu havia feito um vídeo sobre o boleto que era para ter sido pago no sábado dia 6, mas o próximo dia útil era dia 8. Lembro quando fui em outra cidade retirar as mercadorias. Tive que aguardar a liberação do pagamento.

Naquele mesmo dia aconteceu algo. Retirei as mercadorias compradas e também precisei levar alguns filtros de plástico que, devido ao transporte, foram quebrados. Eu estava com esses filtros há dois ou três meses em estoque. Conversei com o pessoal lá da fábrica, eles me bonificaram, trocaram as peças que estavam quebradas e substituíram por seis peças novas.

Embora não tenha sido culpa da fábrica, quebrou devido ao transporte dos Correios. Valeu a pena ter paciência e aguardar a burocracia da fábrica, esperar eles analisarem se o boleto havia sido pago. Isso me trouxe o seguinte insight: devemos ter paciência no relacionamento com os fornecedores. Às vezes ocorrem situações que podem nos tirar do sério, mas é muito importante ter calma e às vezes ter que aturar situações desconfortáveis que a princípio nos prejudicam, mas a médio e longo prazo isso vai gerar bom retorno para nós.

No meu caso, como eu tinha seis filtros que estavam quebrados, eu teria que comprar outros, mas devido ao bom relacionamento que tenho com a fábrica, eles me bonificaram.

Isso gerou uma relação ganha-ganha, porque estou vendendo produtos deles e, eventualmente, posso ter problemas com avarias e eles me deram suporte e trocaram essas peças sem custo algum.

Dica: tenha paciência mesmo diante de situações conflitantes com seus parceiros e fornecedores.

GENERSON - #043 DE 365 - POR QUE LEVAR MERCADORIAS NOS CORREIOS APÓS AS 16H É ARRISCADO?

Nesta sexta, 12/08/2016, precisei retirar mercadorias numa fábrica na cidade vizinha e decidi fazer a postagem nos Correios de lá, porque até voltar para minha cidade não daria tempo de postar antes das 16h30.

Eram apenas três caixas. Quando fui fazer a postagem, deu erro na PLP – Lista de Postagem, no qual um item deu CEP incorreto. Foi possível postar apenas duas unidades.

A desvantagem de eu ter postado em outra cidade é que se estivesse na minha cidade, daria tempo de eu voltar para a empresa, fazer outra Lista de Postagem e, com isso, colocar esse item com uma nova etiqueta atualizada.

Ontem postei todas as mercadorias no período da manhã, e hoje, como deixei para postar em outra cidade no período da tarde de última hora, aconteceu esse probleminha na etiqueta e postei apenas duas unidades.

GENERSON - #044 DE 365 - VEJA A IMPORTÂNCIA DE HUMANIZAR O PROCESSO DE VENDAS NO E-COMMERCE

Sábado, 13/08/2016, logo pela manhã tive um desafio.

Ontem fiz a venda de uma máquina de massa, e esse é um produto que vendo pouco no meu e-commerce. Eu tinha ele cadastrado no site desde o início do ano.

Somente em agosto fiz uma venda dele.

Liguei para o fornecedor para encomendar essa mercadoria e ele disse que tal modelo foi descontinuado. Eles não fabricam mais esse tipo de máquina de massa.

Liguei para o cliente de Barretos (SP) nesta manhã e disse a ele que ia fazer o cancelamento e devolução do dinheiro. Ele me disse: "Não cancela ainda, não. Veja se você consegue uma outra máquina similar, mesmo que não tenha todas as funcionalidades desta máquina que comprei, irei aceitar para evitar o estorno e também para ajudar você a não perder a venda".

Ao final da conversa, decidimos que até terça-feira vou encontrar um produto similar para atendê-lo. Ele ficou muito grato, disse que geralmente faz compras nos sites e não tem contato com a pessoa.

Ele elogiou essa humanização, inclusive dei o n.º de WhatsApp para ele. Agora ele tem o meu n.º de telefone, WhatsApp, e-mail, ele elogiou: "Parabéns por você ter ligado, esclarecido o que aconteceu por você não conseguir entregar essa mercadoria para mim.".

Hoje fiquei muito contente por abrir o jogo com esse cliente, que aceitou que eu encontre um produto similar e até terça-feira darei a resposta a ele.

Surgiu o insight para mim hoje, que mesmo por atuar no e-commerce e não ter contato pessoal com o cliente, é importante humanizar o processo.

O fato de humanizar e colocar-se no lugar da outra pessoa lhe trará muitos benefícios. Embora tenha ficado um pouco "enrolada" essa negociação com o cliente, deixei claro que até terça resolverei esse impasse com ele, oferecendo um produto que o atenda.

GENERSON - #045 DE 365 - O QUE VOCÊ ACREDITA QUE DEVE SER MELHORADO NA SUA VIDA? MELHORE 1% TODO DIA

Neste domingo, investi o meu tempo para melhorar minha comunicação. Notei que nos últimos vídeos tive má dicção e utilizei o dia de hoje para aperfeiçoar minha voz, desde com crianças com 7 e 8 anos a pessoas com 80 e 90 anos. Procurei me comunicar com todo tipo de pessoa hoje, embora eu naturalmente seja uma pessoa que fala muito pouco. Busquei ter mais assertividade na comunicação.

Prestei muita atenção no meu tom de voz e como vou projetá-la, para que a outra pessoa conseguisse entender perfeitamente.

Por exemplo, quando vamos falar com uma criança, precisamos falar um pouco brincando... sorrindo.

Quando vamos falar com uma pessoa idosa que não ouve muito bem, precisamos projetar a voz para as laterais visando direcionar para os ouvidos dela.

Fiz um treino consciente para melhorar minha comunicação, ou seja, para fazer com que a outra pessoa recebesse a mensagem perfeita.

Ouço algumas pessoas dizerem: "Falei tal coisa para a pessoa e ela não entendeu direito!"

A culpa não é da pessoa que "não entendeu direito", mas sim da falta de projeção da voz em direção à pessoa, para que a mensagem chegasse à outra pessoa e fosse interpretada da maneira correta.

Portanto, hoje, embora eu não tenha ficado 100% do meu tempo nas operações do meu e-commerce, utilizei esse treino prático de como projetar a voz e me fazer entender.

E você? Quais pontos na sua vida você acredita que precisa melhorar? O que você está fazendo hoje para melhorar 1% a cada dia?

Hoje vou deixar este pequeno relato meu, um dia em que utilizei experiências práticas para melhorar minha projeção de voz.

Tarefa: faça uma listinha aí, agora mesmo, do que você acha que deve melhorar na sua vida e dê o primeiro passo para agir agora, para deixar essa área da sua vida que você considera que não está tão ok, para que você melhore um pouco a cada dia e a longo prazo você tenha melhorias e consiga alcançar resultados grandiosos.

GENERSON - #046 DE 365 - VOCÊ TEM O DIREITO DE SE ARREPENDER POR COMPRAS NO E-COMMERCE E CANCELAR

Neste dia enfrentei o seguinte desafio: no dia 10/08, fiz uma venda aprovada no cartão de crédito. No dia 12/08, emiti nota fiscal, gerei etiqueta de postagem e postei no mesmo dia.

No dia 15, a pessoa solicitou o cancelamento. Como a compra foi feita no dia 10, a pessoa tinha até sete dias para desistir. Ela está amparada pela lei, no entanto a mercadoria já estava em trânsito. Terei que contatar a cliente, pedir para ela recusar o recebimento da mercadoria.

Foi a primeira vez que me deparei com esta situação, em que o cliente, após ter o pagamento aprovado, solicita o cancelamento e a mercadoria já se encontra em trânsito. Amanhã ligarei para essa cliente e solicitarei para ela não receber a mercadoria para eu não ter prejuízos neste caso.

No e-commerce, temos esses desafios, o cliente tem até sete dias para se arrepender.

Nesta segunda tive essa surpresa, mas são coisas que acontecem no e-commerce. Precisamos nos adaptar aos comportamentos dos clientes.

GENERSON - #047 DE 365 – DESCUBRA A IMPORTÂNCIA DE CONFERIR O PEDIDO COM ATENÇÃO ANTES DO ENVIO

Nesta terça, 16/08/2016, cheguei à conclusão que ontem cometi um engano quando fiz o vídeo falando que eu tinha enviado um produto para o cliente sem ele ter feito o pagamento. Fiz uma pesquisa pelo nome desse cliente. Na minha base de pedidos ele tinha dois pedidos colocados, porém a um não foi dado continuidade e foi cancelado, e o outro foi aprovado.

Ontem, quando concluí que postei um produto que não havia sido pago, olhei para o pedido que não foi feito o pagamento e, na verdade, eu deveria ter considerado o pedido que havia sido aprovado. No vídeo #046, expus minha preocupação em o cliente receber a mercadoria e ficar com ela de graça, porque se o pedido não tivesse sido aprovado, eu tinha um grande risco de perder a mercadoria.

Após eu notar que o cliente havia feito dois pedidos e somente um tinha sido aprovado, vi que estava olhando um pedido que não havia sido aprovado e, na verdade, o meu engano foi na hora de baixar o pedido no sistema, porque baixei o pedido que não havia sido pago pelo cliente. Portanto este vídeo foi só para esclarecer que o vídeo #046 foi um engano de minha parte.

Os enganos podem acontecer no dia a dia, mas vamos em busca da melhoria contínua!

GENERSON - #048 DE 365 - COMETEU ALGUM ERRO? SEJA ÁGIL PARA SOLUCIONAR

No início da tarde de quarta, 17/08/2016, um cliente me solicitou a troca de um espremedor de frutas. Ele comprou um bivolt e eu enviei 220V. Nesses casos, gero um código de devolução de postagem, o cliente posta e, quando a mercadoria chega no meu estoque, faço o envio do produto correto.

Esse cliente me relatou que o estabelecimento dele está prestes a ser inaugurado e ia demorar muito para ele enviar o espremedor de frutas, eu esperar chegar e depois enviar o correto para ele.

Solicitei para a indústria do meu fornecedor enviar um código de devolução de postagem para esse cliente e a mercadoria será entregue ao meu fornecedor, e assim que a mercadoria tiver sido entregue, serei avisado e irei lá conferir se está ok e ficarei com a mercadoria no meu estoque.

Para agilizar para o meu cliente, amanhã cedo vou pegar o produto correto e enviarei para ele por Sedex. Ele pagou via PAC, mas como é algo urgente e ele precisa inaugurar o estabelecimento dele, vou postar amanhã por Sedex.

Todos esses procedimentos de alinhamento do fornecedor com a minha empresa interna e como vou resolver esse problema esclareci ao cliente durante a tarde de hoje.

Durante a tarde, mantive contato com ele explicando como seria o procedimento. Já está resolvido e postarei outro produto no dia seguinte. Foi acordado ele postar a devolução lá e eu postar o produto correto daqui sem mesmo eu ainda ter recebido a devolução.

Considero que foi muito bom esse alinhamento e também houve uma colaboração muito boa do meu fornecedor, que vai gerar o código de devolução de postagem visando à boa experiência do cliente.

GENERSON - #049 DE 365 – SACRIFÍCIOS QUE VOCÊ PODERÁ ENFRENTAR PARA GARANTIR A SATISFAÇÃO DO CLIENTE

Nesta quinta, tive um desafio durante a tarde. Tinha várias mercadorias para postar durante a tarde. As postagens feitas até as 16h30 são despachadas no mesmo dia. Após esse horário, a mercadoria segue no dia seguinte.

Gravei este vídeo às 16h20. Faltavam dez minutos para terminar o prazo de postagem naquele dia. Estacionei bem no local onde o caminhão para a fim de carregar as encomendas na agência - e na contramão! Comecei a descarregar para dar tempo. Foi muito corrido, o caminhão chegou, buzinou, tive que tirar o carro de lá.

Para dar conta, neste dia não almocei.

GENERSON - #050 DE 365 – MANTENHA VÁRIOS ROLOS DE FITA PARA EMBALAGEM EM ESTOQUE PRA NÃO FICAR NA MÃO

Nesta sexta, 19/08/2016, baseado no ocorrido de ontem, quando fiz uma correria para levar as mercadorias nos Correios, praticamente em cima do horário de fechamento da agência, hoje decidi postar as mercadorias no período da manhã.

Eu tinha cinco caixas para levar nos Correios. Comecei a colar etiquetas nas caixas e, após colá-las em duas caixas, acabou a fita. Fui pegar outra fita e não tinha em estoque. Tive que ir na papelaria comprar outro rolo. Isso é um detalhe trivial que não pode acontecer no e-commerce.

É imprescindível ter suprimentos sempre à disposição para, quando acabar, substituir imediatamente. Devido à falta de atenção, perdi 30 minutos até buscar outra fita. Como era antes do meio-dia ainda, estava com tempo de sobra para levar nos Correios.

Este é um ponto que preciso dar mais atenção, porque os produtos vendidos são liquidificadores industriais e, no verão, as vendas aumentam bastante.

Daí a importância de manter mais fitas em estoque para evitar que isso ocorra.

GENERSON - #051 DE 365 - AFIE O MACHADO: USE O TEMPO LIVRE PARA INVESTIR NA SUA EDUCAÇÃO

Neste dia utilizei boa parte do dia para afiar o machado. Como foi um dia tranquilo, utilizei para estudar, assistir vídeos, ouvir podcasts e contribuir para melhorar minha atitude empreendedora. Foi um sábado totalmente educacional para melhorar meus resultados nos próximos dias.

Na correria do dia a dia, pensamos apenas em resolver o problema naquele momento e esquecemos de pensar estrategicamente e buscar sempre a melhoria.

Aproveitei boa parte do dia para estudar e captar novos insights para aplicar no meu negócio.

Dica: procure sempre se atentar sobre qual área de sua vida precisa receber melhorias. Invista na educação para lhe trazer bons resultados no futuro.

GENERSON - #052 DE 365 - É IMPORTANTE FICAR DE OLHO NA CONCORRÊNCIA E REPOSICIONAR OS PRODUTOS SEMPRE

Neste domingo, 21/08/2016, decidi fazer uma revisão nos produtos do meu e-commerce. Notei que tem produtos que são o carro-chefe e vendem constantemente e produtos que não estão com boas vendas.

Fiz uma pesquisa de comparação com meus concorrentes e notei quais produtos estão com poucas vendas e precisam ser alavancados. Fiz alguns ajustes de preços e também os que já vendem bastante, fiz mais anúncios para alavancá-los.

Este foi um dia dedicado ao reposicionamento geral de produtos. Começarei a semana com a implementação de melhoria dos produtos do meu e-commerce.

GENERSON - #053 DE 365 - DESCUBRA COMO ENVIAR PRODUTOS DE FORMA MAIS RÁPIDA E BARATA

Neste dia levei as mercadorias nos Correios por volta das 15h30, retornei às 15h50 e havia sido entregue na minha empresa uma caixa contendo uma impressora vendida para meu cliente do Rio Grande do Sul. Era para entregar essa impressora até o final desta semana. Para enviar pelos Correios, ia demorar de 10 a 12 dias, portanto ela seria entregue na próxima semana e a agência dos Correios trabalha até as 16h30.

Já eram 16h e tive que decidir: levar rapidamente nos Correios para postar ainda hoje, porém o cliente receberia após 12 dias, ou cotar uma transportadora para fazer esse envio. Cotei rapidamente uma transportadora e fiz um comparativo: valor do frete dos Correios x frete da transportadora. Nos Correios, uma caixa desse tamanho para o RS ficou em R$112,00, e na transportadora ficou em R$62,00. Até fazer a cotação e tomar decisão, já eram 16h15.

Tive que decidir rápido! Para minha felicidade, tive dois pontos a meu favor:

1º: Valor: transportadora R$62,00 e Correios R$112,00;

2º: Prazo de entrega: transportadora 5 dias e Correios 12 dias.

Neste caso específico, decidi entregar para o cliente no menor prazo e no melhor preço. Foi uma decisão de 10 a 15 minutos, tive que ser ágil para decidir se faria o envio por transportadora ou Correios. Aproveitei a oportunidade de conseguir essa boa negociação e enviar rapidamente por transportadora. Autorizei a transportadora a fazer a coleta, pois já estavam na minha cidade coletando em outras indústrias e disseram que rapidamente fariam a coleta. Por volta das 16h40, a transportadora já estava aqui e fez a coleta.

Portanto foi mais uma vitória e uma decisão acertada na escolha do meio de transporte.

GENERSON - #054 DE 365 – VEJA 1 DICA IMPORTANTE PARA CONCILIAR FAMÍLIA E NEGÓCIOS

Nesta terça, 23/08/2016, tive que agilizar meus trabalhos logo pela manhã, porque eu tinha um compromisso familiar, era preciso levar a minha avó para uma consulta marcada em outra cidade, e meu pai e tia foram acompanhá-la.

Eu tinha que buscar mercadorias no meu fornecedor. Acordei às 5h para emitir nota fiscal e fazer as coisas mais importantes no início do dia, pois às 7h... 7h30 eu tinha que ir ao fornecedor buscar as mercadorias com o carro para deixá-lo liberado para o meu pai levar a minha avó no médico.

Eram 7h40 eu estava saindo do meu fornecedor com as mercadorias, e aí foi só emitir a Lista de Postagem e etiqueta e aguardar meu pai voltar por volta das 12h, para depois levar as mercadorias nos Correios. Visando conciliar a Família com o Negócio, tive que acordar mais cedo.

Às vezes é necessário fazer um esforço a mais para que sejamos bem-sucedidos em todas áreas da vida, seja na Família ou nos Negócios.

Dica: se um certo dia você tem muitos afazeres a cumprir, o importante é acordar bem cedo. Isso parece óbvio, trivial.

Para mim funcionou muito bem, porque fiz as tarefas mais importantes no período da manhã.

GENERSON - #055 DE 365 - EVITE COLOCAR OVOS NUMA ÚNICA CESTA PARA NÃO COMPROMETER SEU NEGÓCIO

Nesta quarta, 24/08/2016, fez um ano que tive uma perda memorável com um dos meus parceiros. Eu era parceiro da Casas Bahia.

Naquela época, se você fizesse a busca por liquidificador industrial dentro do site da Casas Bahia, você ia encontrar o meu liquidificador. A compra seria feita no site da Casas Bahia, mas eu seria o responsável pelo envio para você. A Casas Bahia era o meu maior canal de vendas, responsável por 90% do meu faturamento.

Em agosto de 2015, o meu nível de qualidade de entrega, minha nota de atendimento caiu. Com isso, a Casas Bahia decidiu me cortar por não atender aos padrões de qualidade da empresa. Perdi um parceiro-chave que culminou, neste último ano, em um desafio de trabalhar sem ter esse parceiro importante. Como minhas receitas eram centradas somente na Casas Bahia, deixei de pagar algumas contas, inclusive tenho contrato com os Correios onde tenho desconto de 10% nas postagens e deixei de pagar as faturas desse contrato.

Neste último ano, fiquei com essa pendência nos Correios e consegui fazer um acordo com a empresa no dia de hoje. Após um ano da perda do meu principal parceiro no e-commerce, consegui me levantar e fazer esse acordo com os Correios.

De lá pra cá o que aprendi? Não colocar os ovos numa única cesta, ou seja, eu estava somente com a Casas Bahia. Hoje trabalho com outros canais, tenho meu site próprio, Mercado Livre, Americanas.com, faço venda ativa por meio de ligações para meus clientes, busco novos restaurantes e lanchonetes para oferecer meus produtos. Abri vários canais, pois que se algum der problemas, terei outros e o impacto será menor. Hoje consegui quitar essa dívida com os

Correios e o ponto importante é que agora conseguirei fazer postagens nos Correios e conseguirei preço melhor no valor do frete.

Dica: procure ter várias fontes de renda. Não centralize somente numa única fonte, pois, caso uma dê problemas, você não sofrerá fortes impactos.

GENERSON - #056 DE 365 - O JOGO SÓ ACABA QUANDO TERMINA. TENHA CAUTELA NA COMEMORAÇÃO

Quinta, 25/08/2016, 14h05, acabei de sair da Caixa Econômica Federal na cidade vizinha, onde paguei guia de acordo de dívida. No vídeo de ontem disse que havia feito tal acordo e estava muito contente. Para esse pagamento ser efetuado eu deveria ir na CEF efetuar um depósito judicial.

Entrei na CEF às 12h15. Fui atendido no caixa por volta das 12h40. Quando o atendente foi fazer o pagamento, ele informou que precisava de um ID. Ele não sabia como proceder e me encaminhou para a mesa do gerente. Aguardei 30 minutos para ser atendido, o funcionário não sabia como proceder.

Fui encaminhado a outro gerente. Ele ligou na Justiça Federal e, com ajuda de lá, fez o passo a passo, gerou a ID e, em seguida, conseguiu gerar a guia de depósito judicial. Esse procedimento começou por volta de 12h15. Por volta das 14h, consegui concretizar esse pagamento.

Foi gerada uma guia e esse débito foi quitado em definitivo.

Aprendi que só devemos comemorar quando o objetivo estiver conquistado "preto no branco", neste caso, após a guia estar com a autenticação mecânica. Isso me trouxe maior clareza na hora de concretizar qualquer negociação, pois somente devemos dar o próximo passo quando o procedimento anterior tiver sido finalizado.

GENERSON - #057 DE 365 - VOCÊ TEM CORAGEM PARA INFORMAR DADOS DO CARTÃO POR TELEFONE?

Tive uma experiência agradável com o cliente. Como você se sente quando você passa credibilidade e confiança para as pessoas? Em novembro de 2015, fiz uma venda de um liquidificador de alta rotação para uma cliente, mas ao ser entregue ela disse que precisava de um liquidificador de baixa rotação.

Informei que faria o envio de outro liquidificador, de baixa rotação. Enviei e depois pedi para ela enviar o outro liquidificador, de alta rotação de volta.

Naquele momento, por algum motivo não tive uma comunicação assertiva e ela compreendeu que eu ia enviar outro liquidificador por minha conta e ela ia ficar com outro lá. Essa mulher não tem computador e acesso à internet. Ela fez a compra pelo Televendas do Shoptime. Como sou parceiro do Shoptime, fui responsável pelo envio da mercadoria.

Foi um desafio falar com essa pessoa que era uma troca, e não um brinde. Relevei esse detalhe e deixei o liquidificador para ela. A cada dois meses ela me liga para fazer cotações de vários produtos. Ela sentiu que tem uma obrigação de sempre comprar mercadorias minhas para compensar esse prejuízo que tive ao deixar o liquidificador de brinde. Ela precisava de duas máquinas de fazer algodão-doce, sendo uma para a irmã e outra para a sobrinha, fez a compra por meio de seu próprio cartão.

Ela ia emprestar o cartão para a irmã e sobrinha fazerem essa compra. Durante todo esse tempo, quando ela precisava de algum produto, eu fazia pesquisa para ela, informava preços, e, com isso, construí uma confiança. Tudo que ela precisa comprar e não tem na cidade dela, ela me liga e pede para eu pesquisar para ela.

Como ela não tem acesso à internet e não tem computador, pedi para ela me passar o n.º do cartão de crédito, farei uma cobrança avulsa no site do PagSeguro para que ela consiga ter essas duas máquinas de algodão-doce parceladas em 10x no cartão. Mediante toda essa transferência de confiança, ela se sentiu segura em passar os dados do cartão de crédito por telefone para eu fazer a cobrança no cartão dela pelo PagSeguro.

Pelo fato de ela não ter acesso a computador e internet, tive paciência em explicar o quão ético seria o processo para evitar fraude no cartão dela. Ela aceitou a proposta e hoje fechei a negociação com ela, e ela terá as duas máquinas para fazer algodão-doce.

No primeiro momento, pensei que ia tomar prejuízo, pois enviei dois liquidificadores e recebi por um só. Aparentemente eu poderia ter tomado prejuízo, mas a longo prazo, é um cliente fiel que conquistei.

Dica: foque em construir confiança e credibilidade com as pessoas.

GENERSON - #058 DE 365 - CONHEÇA 4 LIVROS PARA TE AJUDAR NA JORNADA EMPREENDEDORA

Neste sábado, 27/08/2016, em alusão à Bienal Internacional do Livro em São Paulo iniciada ontem, vou falar sobre quatro dicas de livros que me ajudaram nesta caminhada empreendedora nos últimos dez anos.

Livro 1: em 2005, comprei o livro *Poder sem Limites*, de Anthony Robbins. Já li ele dez vezes e a cada leitura encontro um novo ponto que não ficou claro na leitura anterior para mim. Esse livro vai te ajudar a melhorar sua mente e ter uma alimentação que colabore para alcançar alta performance em todas as áreas da vida.

Livro 2: *O Mensageiro Milionário*, de Brendon Burchard. Nesse livro, o autor orienta como você pode pegar seu conhecimento e transferir ensinamento às pessoas. Com isso, você pode mudar várias pessoas a partir do teu conhecimento e também lucrar com isso, vendendo seu conhecimento. É um livro indispensável para todo empreendedor da internet.

Livro 3: *O Poder da Coragem*, de Jober Chaves. É um empresário brasileiro bem-sucedido que superou uma dívida de mais de um milhão de reais. Os ensinamentos desse livro te ajudarão a mudar a maneira de pensar.

Livro 4: *A Única Coisa*, de Gary Keller/ Jay Papasan. Esse livro foi uma indicação do meu amigo Jober. Hoje todo mundo tem uma agenda super corrida, tem muitos afazeres e reclama que não tem tempo para fazer as coisas. O objetivo principal desse livro é te ajudar a manter o foco na sua tarefa, na coisa mais importante que você precisa fazer. Se você quer ter foco e conseguir resultados extraordinários na sua vida, o livro *A Única Coisa* é indispensável para você.

Essas foram as dicas de livros essenciais para o empreendedor.

GENERSON - #059 DE 365 - ENTENDA SEU CLIENTE E ATENDA SUAS NECESSIDADES PARA EVITAR CANCELAR VENDAS

Neste domingo, 28/08/2016, quando abri o sistema de chamados do SAC, deparei-me com uma mensagem colocada no sábado à noite.

Era uma cliente que comprou um produto, mas as funcionalidades não atenderam suas necessidades. Ela comprou um liquidificador de alta rotação e ela precisa bater açaí.

Para você que ainda não entende como funciona a rotação do liquidificador, segue explicação: ela comprou um liquidificador de alta rotação de 18.000 RPM. Essa rotação é utilizada apenas para fazer vitaminas, *shakes*, cremes, batidas com ingredientes leves. O que ela precisa é de um liquidificador de baixa rotação 3.500 RPM para bater açaí. Ela fez solicitação de cancelamento da compra, mas fiz uma proposta a ela para trocar o liquidificador de alta rotação que tem lá por um de baixa rotação.

Ela colocou o seguinte questionamento: "Quero trocar o produto, pois não está sendo útil porque o produto não bate açaí."

Respondi o chamado da seguinte maneira: liguei para a cliente Taciana neste domingo, às 11h56. Ela me informou que o liquidificador é para a mãe dela. Coincidentemente, a Taciana estava na casa da mãe. Somente a mãe dela utilizará o liquidificador, sendo assim, a cliente passou o celular para a mãe explicar o ocorrido. Aí ela me disse: "O liquidificador industrial de 2 litros de alta rotação e não consegue bater açaí".

Então expliquei a ela que para bater açaí é necessário o liquidificador industrial de baixa rotação com 3500 RPM. Portanto, para resolver o problema dela nesta segunda, 29/08/16, postarei o liquidificador de baixa rotação para a cliente e ela devolverá o liquidificador de alta rotação que está com ela. Combinamos que ela postará via PAC por conta dela. Em seguida vai me contatar, informar o valor gasto no frete e informar uma conta bancária da CEF para eu depositar o valor do frete.

Sendo assim, essa solicitação de cancelamento devido a arrependimento não será atendida, porque liguei no celular da cliente Taciana neste domingo e resolvemos esse impasse. Trocaremos o produto para ela. Estou à disposição para esclarecimentos. Respeitosamente, Generson.

Somente pelo fato de eu ter ligado para a cliente neste domingo, às 11h56, e me colocado à disposição para resolver da melhor maneira como ela precisa, consegui encontrar a solução perfeita para ela. Com isso, ela não terá que se preocupar em fazer cancelamento e estorno no cartão de crédito.

Definitivamente ela terá o produto que ela precisa para bater o açaí. Logo após gravar este vídeo, darei início para responder esse chamado.

Foi uma experiência em tempo real ocorrida no meu e-commerce e achei pertinente compartilhar para inspirar você a encontrar soluções para seus clientes e parceiros.

GENERSON - #060 DE 365 - COMO PROTEGER A MENTALIDADE MESMO SEM BATERIA, CANETA E COM CISCO NO OLHO

Nesta segunda, 29/08/2016, tivemos que postar algumas mercadorias nos Correios. Por volta das 15h30, meu pai foi postar nos Correios e eu ainda dependia de outro fornecedor para me entregar mais quatro caixas.

Por volta das 16h, o fornecedor entrou em contato comigo e disse para ir buscar as mercadorias dentro de meia hora. Portanto, às 16h30, era para eu ter ido no fornecedor buscar as mercadorias.

Acontece que meu pai utilizou nosso Celta 2011 para levar a primeira remessa de mercadorias, e como eu estava a pé quando o meu fornecedor autorizou a retirada das quatro mercadorias, tive que ir com nosso outro veículo mais velho, GM Marajó cinza, ano 86.

Essa Marajó às vezes não pega, porque a bateria está ruim, mas dei partida, bateu e pegou.

Fui ao fornecedor, estacionei, carreguei as mercadorias e na hora de dar partida para ir embora, não pegava. Empurrei um quarteirão, pegou uma descida, dei tranco e ela pegou!

Enquanto isso, meu pai já estava com o Celta nos Correios me aguardando, porque ele já tinha ido levar a primeira remessa e eu liguei para ele e falei: "Espera aí nos Correios, que logo estarei aí para postarmos as quatro mercadorias".

Cheguei lá, acabamos de colar as quatro etiquetas nessas caixas que levei, e na hora de eu ir embora com a Marajó, ela não pegou. Precisamos pegar um cabo, colocar na bateria do Celta e na bateria da Marajó e pegou! Dei partida no Celta para carregar a bateria da Marajó e, após a Marajó pegar, desliguei o Celta, e na hora que fui fechar o capô, o meu celular tocou.

Uma rede de supermercados do RJ, que é um cliente meu há muito tempo, estava precisando da nota fiscal de uma venda que fiz em julho e coloquei boleto com prazo para 30 dias. Eles só poderiam me pagar se tivesse a nota fiscal. Não sei porque o Financeiro deles não recebeu a nota fiscal. Pedi o e-mail do funcionário para reenviar a segunda via para eles autorizarem o pagamento.

Eu não tinha onde anotar o telefone da pessoa porque não tinha papel e caneta no momento.

Foi surreal!

O carro Marajó estava com poeira. Escrevi o e-mail do cliente no vidro. Tive que improvisar, escrever o e-mail na poeira e resolver esse problema.

Concomitantemente, entrou um mosquito no meu olho justamente na hora que eu estava escrevendo o e-mail do cliente no vidro empoeirado da Marajó!

Às vezes é necessário ter um *mindset supermegaforte* para superar os desafios que acontecem.

Assim foi mais uma batalha vencida na rotina do meu e-commerce.

GENERSON - #061 DE 365 - SEJA TRANSPARENTE, EXPLIQUE O REAL PORQUÊ E EVITE IR PARA O "BELELÉU"

Nesta terça, 30/08/2016, quero compartilhar com você uma continuação do vídeo #059 feito no domingo. Caso você ainda não tenha assistido, volte no meu canal no YouTube e assista ao vídeo #059 de 365 para compreender o conteúdo que vou colocar neste vídeo daqui pra frente.

Basicamente, no vídeo de domingo, falei de uma cliente que comprou um liquidificador de 2 litros de alta rotação, mas precisava de um liquidificador de baixa rotação para bater açaí.

Ela entrou em contato comigo, solicitou a troca. Disse a ela que faria a troca, e depois ela devolveria o liquidificador de alta rotação que está com ela. Ontem fiz a postagem do liquidificador de baixa rotação e logo após fazer a postagem, fui até a lotérica e fiz o depósito para a cliente pagar o valor do frete da devolução do liquidificador.

Acabei de receber agora a devolução, via Sedex, do liquidificador da Taciana. Fiz o pagamento do reembolso do frete no valor de R$30,00. Com isso, ela fez a devolução do liquidificador de alta rotação e ontem foi enviado o de baixa rotação.

Provavelmente na próxima segunda (cinco a sete dias) ela receberá o produto.

Portanto, nos vídeos #59 e #061, demonstrei a transparência nos procedimentos que tenho com meus clientes.

Daí a importância de você utilizar a transparência nas suas negociações.

GENERSON - #062 DE 365. NÃO TERCEIRIZE SUA CULPA. VEJA A IMPORTÂNCIA DE SER PONTUAL NOS COMPROMISSOS

Neste final de agosto de 2016, tive acontecimentos agitados. Ontem, às 20h30, tive que pegar um ônibus para Belo Horizonte (MG) para participar de um evento de Marketing Digital, porém, às 17h30, entrei no internet banking de minha mãe e constatei que foi feita uma fraude na conta dela, com saques realizados em caixas eletrônicos na cidade de São Paulo. Portanto é incoerente, nada a ver, porque estou no interior paulista.

Logo, pode ter sido cartão clonado. Fiquei muito preocupado no final do dia em tirar extrato, juntar provas para mostrar ao banco. Com isso, me atrasei e perdi o ônibus ontem às 20h30.

As palavras anteriores soam mais como desculpas por incompetência minha por eu não ter gerenciado o tempo de maneira correta, não é mesmo?

Um detalhe que não consta no referido vídeo do YouTube, mas vou relatar: meus pais e minha avó estavam comigo nesse dia. Como já tinha perdido o ônibus, levei-os até o Habbib's e passamos alguns minutos ali.

Perdi o ônibus, mas passei bons momentos com a família naquela noite!

Consegui trocar passagem para o dia seguinte às 9h. Chegarei às 20h e participarei apenas do segundo dia do evento para conseguir informações valiosas que serão aplicadas no meu negócio.

Foi um contratempo que não tem desculpas, era só eu ter organizado minha agenda com folga. Esse foi mais um aprendizado que tive e servirá de exemplo para todas áreas de minha vida, para eu não deixar para a última hora coisas que precisam ser feitas.

Dica: preste atenção na sua agenda para que você não corra esse risco de perder ônibus e outros compromissos já planejados na sua vida.

GENERSON - #063 DE 365 - BUSQUE CONHECIMENTO PARA MELHORAR O NÍVEL DO SEU NEGÓCIO

Neste 01/09/2016, estive em Belo Horizonte (MG), no evento FIRE 2016, promovido pela Hotmart.

O meu objetivo é participar desse evento para buscar conhecimentos e melhorar meu relacionamento com os clientes do e-commerce.

Durante o dia terá palestrantes especialistas de marketing digital que compartilharão suas experiências.

Aproveitei cada instante desse evento.

Dica: busque conhecimentos sobre o mercado que você atua e procure sempre estar atualizado para inovar no seu mercado e conseguir alcançar o teu próximo nível.

GENERSON - #064 DE 365 - VEJA 2 EXEMPLOS PARA VOCÊ APLICAR AGORA: EVITE DESCULPAS E REINVISTA LUCRO

Nesta sexta, 02/09/2016, logo pela manhã, quero compartilhar dois casos que presenciei no evento ontem. O primeiro é sobre o palestrante desenhista realista de Brodowski (SP). Ele tem habilidade de pegar uma foto e desenhá-la igual com o lápis, deixando-a idêntica à foto original.

O mais impressionante é que ele nasceu sem a mão direita. Somente com uma mão ele faz desenhos fantásticos. Isso prova nossa capacidade de realizar qualquer coisa, basta acreditar.

Outro caso é de uma pessoa que ensina inglês pela internet e faturou mais de um milhão de reais vendendo cursos pela internet. A princípio, quando ouvimos falar de uma cifra dessa, automaticamente vem à nossa cabeça: "Nossa, esse cara aí deve ter uma Ferrari, um carro superluxuoso.

Perguntaram a ele qual carro ele tem e ele respondeu que tem um Palio 2003, ou seja, ganhou mais de um milhão de reais e não gastou o dinheiro. Pegou todo valor da venda desses cursos e reinvestiu no negócio dele. Em vez dele pegar e comprar um carro zero, um carro importado, teve a sabedoria de reinvestir no negócio dele. Com isso, aprendi duas coisas:

1º) Independentemente de nossa deficiência, precisamos enfrentar e realizar os desafios que nos é proposto, haja vista esse pintor de desenho realista, que somente com uma mão faz desenhos fantásticos e mudou a vida de muitas pessoas com a arte da pintura.

2º) É preciso ter a sabedoria de não se empolgar quando estiver indo muito bem no negócio. Procure reinvestir em você. Isso me acendeu uma "luzinha" de alerta, porque às vezes no meu e-commerce há alguns períodos do ano em que tenho um faturamento muito alto.

Esse foi um alerta para eu aproveitar esse momento de faturamento alto e reinvestir no meu negócio.

Não existe desculpa. Independentemente de sua deficiência física ou intelectual, você pode otimizá-la. Às vezes você não tem habilidade para desenvolver tal tarefa, mas você pode desenvolvê-la e conquistar seu objetivo. O que você ganhar, procure reinvestir em coisas que lhe trarão retorno.

Se você comprar um carro zero, você pode perder dinheiro, mas se você reinvestir no seu conhecimento para maximizar os resultados do teu negócio, o resultado a médio/longo prazo com certeza será bem melhor. Daqui a pouco pegarei ônibus de volta para minha cidade.

Esses foram os conhecimentos que adquiri nessa viagem insana, na qual me atrasei, tive vários imprevistos e perdi o ônibus, mas valeu a pena.

GENERSON - #065 DE 365 - VOCÊ CONSEGUE ENTREGAR FELICIDADE AOS SEUS CLIENTES E PARCEIROS?

Neste sábado, 03/09/2016, este vídeo foi complementar aos vídeos #059 e #61, feitos domingo e terça passada. Durante esses vídeos, abordei um caso em que uma cliente comprou um liquidificador de alta rotação e ela precisava de um liquidificador de baixa rotação.

Naquele domingo, eu mesmo entrei em contato com a pessoa e alinhamos para fazer a troca. Na terça, quando gravei o vídeo #061, recebi a devolução de troca da pessoa e enviei outro. Hoje, neste vídeo #065, recebi um e-mail da pessoa, no qual demonstrou sua felicidade.

A cliente Taciana me enviou um e-mail dizendo: "Obrigado Generson por trocar o liquidificador. Minha mãe e eu ficamos muito felizes".

Isso me levou a fazer uma rápida reflexão de que não estou atuando num mercado de apenas transação comercial. A minha missão quando inicio o primeiro contato com o cliente e até eu entregar o produto para a cliente e ela se sentir satisfeita é trazer felicidade às pessoas. A minha métrica utilizada para saber se estou no caminho correto é quando recebo o feedback de pessoas com e-mails como este: " Obrigado Generson por trocar o liquidificador. Minha mãe e eu ficamos muito felizes". É algo simples, porém de extremo valor, o que indica que estou no caminho correto.

No mercado que você atua, qual é a sua métrica para você ter certeza que está entregando um resultado que satisfaz o cliente? Qual métrica você utiliza para medir a felicidade do seu cliente?

Na sua Família e em diversas parcerias, o que você utiliza para medir se está fazendo um trabalho extraordinário? Fica esse questionamento para você refletir e procurar levar sempre felicidade aos seus parceiros e clientes.

GENERSON - #066 DE 365 - BUSQUE MELHORAR O NÍVEL DE QUALIDADE DO SEU PRODUTO/SERVIÇO

Neste domingo, 04/09/2016, meu foco foi melhorar as imagens dos produtos do meu site. Tem produtos do meu site que não estavam com boa conversão. Fiz uma análise e notei que as fotos não eram de boa qualidade. Utilizei o domingo para trabalhar a qualidade dessas fotos, visando aumentar o volume de vendas desses produtos que estavam com imagens de má qualidade.

Foi um momento útil para revisar os produtos do site. Se você quer melhorar a performance dos seus produtos e/ou serviços, independentemente da área em que você atua, considere reavaliar se a qualidade das imagens do seu produto estão boas. O teu anúncio pode estar bom, mas faça um monitoramento contínuo para sempre melhorar a conversão de vendas do seu negócio.

Não menospreze este simples detalhe: fotos de qualidade.

GENERSON - #067 DE 365 - DESCUBRA COMO SER INDENIZADO QUANDO O SERVIÇO DOS CORREIOS ATRASAR ENTREGAS

Nesta segunda, 5 de agosto de 2016 (ops, era setembro, falei errado no vídeo), notei um detalhe: para eu controlar o prazo de envios dos pedidos, desde abril elaborei uma planilha, na qual coloco em cada coluna nome do cliente, cidade, telefone, nome do produto, data prometida de entrega e data real de entrega. Após fazer a postagem do produto, controlo quantos dias úteis o serviço dos Correios prometeu fazer a entrega, e isso está colocado nessa planilha.

Por exemplo, postei dia 10. O prazo de entrega é até dia 20. Faço monitoramento. Na última coluna informo a data real de entrega. O produto é entregue dia 21. Nesse caso, como passou o prazo estipulado de entrega, é possível entrar com reclamação no 0 800 dos Correios ou pelo site e solicitar uma indenização por atraso de entrega.

Muitas vezes o cliente reclamava que o produto ainda não havia sido entregue e eu não tinha controle se estava dentro do prazo de entrega ou se o serviço dos Correios estava com instabilidade interna. De abril a setembro de 2016, consegui ser indenizado em 15 envios. Monitorava toda entrega e se o prazo de entrega estava acima do prometido pelos Correios, entrava em contato e fazia um pedido de ressarcimento devido ao atraso na entrega.

Essa indenização girava em torno de R$20,00 a R$30,00 por pedido. Durante muito tempo não cobrei os Correios por essa falha. Eu estava deixando de recuperar um dinheiro devido ao atraso, o qual impacta na qualidade de atendimento ao cliente.

Dica: quando você começar a trabalhar com e-commerce, elabore uma planilha e em cada coluna você coloca o nome do cliente, número do pedido, telefone, número de rastreamento, data real do envio, data prevista de entrega.

Quando você pega o comprovante de postagem dos correios, consta o PE (Prazo de Entrega). Em seguida, você precisa informar na coluna data prevista de entrega a quantidade em dias úteis contida nesse campo. Exemplo: você postou numa segunda, dia 31. O 5º dia útil será na segunda, dia 7, isto é, se nesse período não houver feriados. Portanto é só olhar na folhinha, fazer essa conta simples e monitorar.

GENERSON - #068 DE 365 - 1 DICA PARA VOCÊ GERAR CONFIANÇA AOS CLIENTES QUE RECEBERÃO SEUS PRODUTOS

Quero compartilhar com você uma tecnologia adquirida em 2012 e que ajuda muito na emissão de etiquetas de postagens para meus clientes.

Quando comecei no e-commerce em 2005, eu escrevia à caneta e às vezes acabava a tinta da caneta ou falhava e meu plano B era o lápis.

O problema era que eu me perdia entre as etiquetas escritas manualmente. Já enviei produtos duplicados para os clientes (cliente comprava um e recebia dois). Também aconteceu de algum cliente deixar de receber, isso gerava reclamação e era frustrante para mim.

Em 2012, participei de um evento de e-commerce em São Paulo. Encontrei um stand de um sistema de ERP chamado Bling.com.br

É um sistema baseado na web e não precisa ser instalado. O custo era baixo, acessível (R$50,00 por mês) e decidi assinar. Uma das dificuldades quando comecei a utilizar o Bling é que eu apanhava para mexer nele e no início tive um desafio para adaptá-lo ao meu negócio. Eles tinham uma equipe de suporte muito boa e me ajudaram no passo a passo para adaptar o sistema deles ao meu e-commerce.

Com isso, consegui gerar credibilidade aos meus clientes.

Quando comecei a imprimir as etiquetas de postagens e apresentar um formato mais profissional, passei mais confiança aos meus clientes. Facilitou muito minha vida, porque não dependia mais de caneta e lápis.

O sentimento que tive ao começar a utilizar o Sistema Bling foi começar a ter mais confiança para investir no aumento de minha base de clientes.

Uma coisa que aconteceu e pensei que nunca seria possível foi atender centenas de clientes durante um grande momento de vendas, por exemplo, Black Friday.

Imagine só eu ter que escrever 100, 200, 300 etiquetas a lápis e caneta durante uma edição de Black Friday, que acontece na sexta, sábado e domingo! Seria humanamente impossível fazer tudo isso sozinho manualmente.

O Sistema Bling chegou para fazer essa mudança positiva no meu negócio, permitindo essa escalabilidade.

Invista em tecnologia para agilizar os seus processos e facilitar a sua vida.

GENERSON - #069 DE 365 - INDEPENDÊNCIA OU INTERDEPENDÊNCIA?

Nesta quarta, 07/07/2016, quero compartilhar com você o início de minha jornada empreendedora no e-commerce. Quando comecei em 2005, o meu maior objetivo era a busca de independência.

Eu queria fazer o que gostava e, naquele momento, eu sentia que eu poderia fazer mais, no entanto eu estava limitado. Em busca de oportunidade, em 12/12/2005, comecei a vender roupas do Brasil nas cores verde e amarela, visando à Copa do Mundo 2006. A minha primeira venda foi para uma brasileira de New Jersey. A dificuldade que tive foi descobrir como eu ia receber o pagamento e como fazer o envio. Tive que pesquisar nos Correios o método de entrega para enviar o produto.

Para receber o pagamento foi simples, por meio de cartão de crédito.

A transformação para minha vida com essa venda foi uma sensação de independência. Eu decidi ter mais momentos como esse com essas vendas e decidi de uma vez por todas buscar minha independência por meio do e-commerce. O que aconteceu após essa minha primeira venda foi um manancial de oportunidades, em que vislumbrei novos horizontes e, com isso, iria conseguir alcançar minha independência, fazendo o que eu gosto, sem ser mandado por chefes.

No entanto esse conceito de independência às vezes pode ser ilusório, pois quando você se torna independente, você se livra de algumas coisas, porém você entra num ciclo de interdependência. Tudo que você fizer, continuará dependente de outras pessoas, familiares, parceiros, fornecedores e clientes.

Neste vídeo de hoje, em alusão ao 07/09/2016, concluí que independência não existe. Você se livra em parte de alguma coisa, mas fica interdependente para realizar projetos futuros.

GENERSON - #070 DE 365 - JÁ FEZ COMPRA PARCELADA NO CARTÃO, MAS FOI COBRADO TUDO EM PARCELA ÚNICA?

Quinta, 08/09/2016, compartilhei o seguinte acontecimento:

No final do mês passado enviei um produto para um cliente da cidade do interior do Tocantins. A mercadoria chegou lá, o cliente recusou o recebimento, e a mercadoria voltou para mim e recebi no dia 6. A embalagem estava com a lateral rasgada. Deduzi que a cliente havia recusado devido a esse detalhe.

Liguei para ela e questionei o porquê da recusa. A cliente disse que comprou no cartão, foi aprovada a primeira compra em parcela única e ela queria que tivesse sido parcelada. Por um engano na hora de passar o cartão, ela colocou parcela única. A compra foi aprovada e ela não daria conta de pagar o valor total em parcela única.

Por essa razão, ela recusou a entrega e disse que gostaria de cancelar a compra por esse detalhe. Ela queria pagar em várias parcelas, mas caiu no cartão dela em parcela única.

Fiz o cancelamento da compra e ela ficou super agradecida.

Nesse caso foi culpa da cliente na hora de fazer a compra. Errou na hora de passar o cartão.

Nós que trabalhamos com e-commerce precisamos ter empatia e ver que o mais importante é a pessoa não ser prejudicada. Perdi essa venda, no entanto ganhei credibilidade.

Deixei meu n.º de celular com a cliente e, caso ela precise de outro liquidificador, ela entrará em contato comigo para fazer uma compra futura. Procure sempre beneficiar o cliente.

GENERSON - #071 DE 365 – ENTREGUE VALOR E UMA EXPERIÊNCIA INCRÍVEL ACIMA DO ESPERADO AOS CLIENTES

Nesta sexta, 09/09/2016, compartilhei com você uma experiência que tive com um cliente, na qual ele comprou um liquidificador de 4 litros de alta rotação. Recebeu o produto, foi bater massa de bolo, mas ao preparar a massa de bolo, notou que o liquidificador não atendia ao resultado que ela desejava. Para fazer massa de bolo, expliquei a ele que precisa de um liquidificador de baixa rotação. Ele me disse que precisava de um liquidificador de 6 litros. Ele tinha comprado um de 4 litros de alta rotação e, a princípio, o que eu poderia fazer para ajudá-lo era trocar por um de baixa rotação.

Considerando todo esse tempo que ele ia perder e que a diferença de preço do liquidificador de 6 litros e 4 litros é pouca, me comprometi com ele a enviar um liquidificador de 6 litros de baixa rotação sem ele ter que acrescentar um valor a mais da diferença do de 4 litros para 6 litros.

Então ele devolveu esse liquidificador e enquanto o de 4 litros estava em trânsito para minha empresa, fiz o envio do liquidificador de 6 litros para ele. Portanto, assim que o de 6 litros chegou para ele, o de 4 litros foi entregue aqui.

Liguei para ele e perguntei se estava tudo ok e é exatamente o que ele precisa mesmo.

Ele me agradeceu muito. Disse a ele que daqui um ano algumas peças do liquidificador sofrerão algum desgaste, e em Videira (SC), onde o cliente mora, não tem assistência técnica desse fabricante de liquidificador.

Portanto, se ele tiver algum problema, é para entrar em contato comigo. Passei meu WhatsApp para ele. Ele ficou extremamente grato. São esses momentos que a gente se doa a entregar valor acima do esperado e colabora para dar perenidade ao nosso negócio e nossa vida pessoal.

Procure entregar um resultado acima do esperado aos seus clientes. Isso a longo prazo será muito útil a você e trará perenidade ao seu negócio.

GENERSON - #072 DE 365 - SERÁ QUE VOCÊ APROVEITA TODAS AS OPORTUNIDADES PARA CRESCER?

Neste sábado, 10 de setembro de 2016, passei o dia todo cadastrando novos produtos. Ontem à noite identifiquei que nem todos os produtos dos meus fornecedores estavam cadastrados no meu site e eu não estava dando tanta importância para toda a linha de produto que meu fornecedor tem hoje. Eu basicamente só tinha cadastrado liquidificadores e espremedores de frutas.

Então, ontem à noite, eu verifiquei toda a linha de produtos de um fornecedor e vi que eram produtos que vão proporcionar uma boa margem de lucro, e eu estava deixando isso para trás. Eu não estava com esses produtos no site. Ontem à noite fui dormir com o seguinte pensamento: "Vou acordar bem cedo amanhã e vou colocar todos os produtos no site".

Hoje acordei às 6 horas da manhã, agora são 6h55 e acabei de cadastrar os produtos que estavam faltando. Isso foi um alerta para mim, porque às vezes nós estamos no automático, só cadastramos produtos que são mais procurados, mas se eu analisar todos os produtos dos meus fornecedores, vou notar que tem muitos produtos que vendem bastante e eu não tenho cadastrado no site.

Será que na sua vida você não está deixando dinheiro na mesa?

Às vezes você tem um produto ou serviço que você não colocou em prática ainda, não colocou no mercado, mas se você rever, você pode concluir que esse produto/serviço que você está deixando de lado e não está dando tanta importância pode incrementar o seu faturamento.

O insight de hoje é: não negligenciar nenhum produto que estiver disponível. Vou procurar sempre como posso encaixar toda a linha de produtos que o fornecedor me disponibiliza, ponto final, fica essa dica para você, veja quais produtos e serviços você pode incrementar na sua empresa no teu negócio para que você maximize os seus resultados.

GENERSON - #073 DE 365 – VEJA A IMPORTÂNCIA DA REFLEXÃO DIÁRIA PARA AJUSTAR AÇÕES E ALCANÇAR AS METAS

Geralmente reservo os domingos para planejar as ações que realizarei durante a semana. No dia de hoje eu me preocupei em fazer uma reflexão do porquê de todas as ações, todas as metas que eu estava buscando alcançar na semana passada não foram alcançadas. Eu pensei em várias metas para avançar, portanto faltou colocá-las no papel. Sei que eu precisava ter realizado muitas coisas, mas a maioria não foi realizada porque me faltou clareza.

Revi todas as coisas que eram para ter sido feitas na semana passada, por exemplo, fazer uma pesquisa de preços de concorrentes do meu site, identificar outras novas fontes de anúncios além do Facebook. Foram listadas uma série de mais de 12 itens e não dei a devida atenção semana passada.

Conclusão: o fato de eu não ter tido bons resultados na semana passada foi a falta de clareza e não ter colocado no papel exatamente como eu gostaria de ter feito.

Algumas coisas que não foram concretizadas semana passada foram colocadas no *post-it*.

Agora vou escalar durante a semana, segunda, terça, quarta, quinta, sexta, e chegar no sábado e finalizar tudo que coloquei nesse papel.

Este domingo foi de reflexão, para que quando eu fizer planejamento da semana, planejamento mensal, planejamento do dia seguinte eu consiga realizar tudo o que pensar. Muitas vezes pensamos em muitas coisas, mas acaba o dia, acaba a semana, acaba o mês e não conseguimos realizar tudo que estamos pensando porque falta clareza, falta colocar no papel e seguir de forma inspirada as tarefas que você precisa fazer para alcançar o resultado que você deseja.

Esta dica foi para você se inspirar como planejar as tarefas no início da semana.

Defina quais são as metas que você precisa alcançar até o final da semana e ter bons resultados.

GENERSON - #074 DE 365 - CORREIOS QUEBROU O PRODUTO? NÃO QUESTIONE. ENVIE OUTRO URGENTE AO CLIENTE

Nesta segunda, 12/09/2016, estou em Jaboticabal.

Semana passada enviei um filtro de barro para um cliente de Minas Gerais. A mercadoria chegou quebrada, embora eu tenha protegido bastante com isopor e acondicionado em uma caixa de madeira que quebrou uma parte do filtro de barro. O cliente solicitou o estorno da compra. Liguei para ele e me comprometi a enviar outro filtro, mas desta vez enviei por transportadora, para evitar de fazer estorno no cartão de crédito, e mais importante: para que ele não fique com o produto que não precisa, decidi vir a Jaboticabal buscar apenas uma peça para atender esse cliente.

Visando sempre à satisfação do cliente, decidi, mesmo tomando prejuízo desse filtro quebrado, enviar para ele por transportadora.

Dê prioridade ao seu cliente.

GENERSON - #075 DE 365 - VAI ESPERAR ACABAR TODA TINTA DA IMPRESSORA PRA COMPRAR OUTRA?

Neste 13 de setembro de 2016 quero compartilhar com você algo que aconteceu no final de 2015. No meu mercado o melhor período de vendas é de setembro a dezembro. Eu lembro que no final de novembro teve um final de semana em que teve muitas vendas. Minha intenção era utilizar o sábado e domingo para emitir as notas fiscais e as etiquetas para colar nas caixas. No sábado, quando fui fazer as impressões das etiquetas, o *tonner* da impressora acabou.

Na semana que antecedeu este caso, notei que a qualidade da impressão estava com falhas. Era possível ler todo conteúdo da nota fiscal, mas em 2 ou 3 dias acabaria o pó do *tonner* que estava no reservatório. Com base naquela experiência e na nota fiscal impressa hoje, começou aparecer a falha e decidi ir à loja comprar um *tonner* reserva para caso esse outro realmente acabe. Baseado naquela experiência passada, eu agora fiquei atento para não cometer aquela falha infantil de deixar para a última hora.

Para me precaver, não "ficar na mão" e ter que escrever as etiquetas a caneta, como há 10 anos, então agora deixo um *tonner* sempre pronto para emergências.

GENERSON - #076 DE 365 - VEJA COMO A GREVE DO BANCO DO BRASIL PODE AFETAR ENTREGAS DO SEU E-COMMERCE

Neste 14/09/2016 eu e meu pai fomos levar mercadorias aos Correios por volta das 15h20. Nós descarregamos as mercadorias e pegamos a senha para sermos atendidos. Aí deixei o meu pai lá para postar as mercadorias e voltei para dar continuidade aos trabalhos aqui no meu e-commerce. Meu pai chegou em casa 17h10. Foram quase 2 horas para ele ser atendido.

Qual é o porquê disso? Não é ineficiência dos Correios, mas neste mês o Brasil todo enfrenta uma greve do Banco do Brasil. Logo, a alternativa que resta à população é ir pagar as contas, fazer saques e depósitos nos Correios. Com isso, o sistema dos Correios está sobrecarregado.

Meu pai ficou praticamente uma hora (das 15h30 às 16h30) para postar. A hora que ele estava postando, chegou o caminhão dos Correios para carregar as mercadorias postadas no expediente do dia e, com isso, um atendente teve que abandonar o atendimento ao meu pai para ajudar a carregar o caminhão.

Com base nesse contexto, nessa sobrecarga de trabalho que os Correios têm enfrentado, uma coisa que é óbvia mas eu devo ajustar cada vez mais, é levar as mercadorias cada vez mais cedo. Por exemplo, eram 19h10, deixei algumas etiquetas impressas e coladas nas caixas naquela noite. No outro dia, no período da manhã, levei para postar nos Correios.

Vou buscar cada vez mais evitar esse horário de pico, ainda mais agora com essa greve dos bancários.

Esse foi o ensinamento deste dia: evite deixar coisas para a última hora. Tem alguma tarefa para fazer, é melhor você exagerar e fazer com 2 horas de antecedência, 3 horas de antecedência, do que você deixar para fazer nos últimos minutos, ocorrerem imprevistos e você não cumprir com compromissos que você acordou.

GENERSON - #077 DE 365 – RECEBEU MERCADORIA DO FORNECEDOR, SEJA ÁGIL PARA ENVIAR AO CLIENTE

Neste 15/09/2016, logo pela manhã, por volta das 8h... 8h30 eu recebi uma caixa da transportadora cujo volume era grande. Era um assador de bancada para embutir na parede. Este assador tinha muitos vidros. A transportadora entregou logo pela manhã. Ela tinha que fazer várias entregas na cidade. Eu tinha que enviar este produto para o cliente ainda naquele dia, pois já estava em atraso.

Entrei em contato com a vendedora dessa mesma transportadora, fiz a cotação para saber o valor do frete e, após ela confirmar, pedi para ela se era possível entrar em contato com o motorista da transportadora, para ele aproveitar que ainda estava na cidade e vir coletar essa mercadoria.

Então foi uma questão de 30 minutos, eu havia cotado o frete com a transportadora, agendado a coleta e, por volta das 10h, essa mesma transportadora voltou para coletar o produto que havia sido entregue. No período de 3 horas, eu recebi a mercadoria da transportadora, cotei o frete de envio ao cliente e solicitei a coleta. Em questão de 3 horas já havia despachado esse produto ao cliente.

Às vezes precisamos ficar atentos para sermos ágeis na tomada de decisão, pois se tivesse enrolado e deixado para fazer cotação no período da tarde, certamente essa coleta só seria feita no dia seguinte e o cliente ia receber o produto com atraso de pelo menos de mais um dia.

GENERSON - #078 DE 365. FORNECEDOR EMITIU PEDIDO E NF COM VOLTAGEM ERRADA. VI ERRO DEPOIS. E AGORA?

Neste 16/09/2016 quero compartilhar com você algo que aconteceu ontem de manhã. Eu teria que ficar ausente após o almoço e, logo de manhã, eu percebi que depois do almoço eu ia receber uma entrega de mercadorias da transportadora. Então liguei na transportadora... e minha avó Zilda interrompe educadamente, dizendo:

— Dá licença...ela chegou... eu era para fazer o remédio às 4 e meia, como é que eu faço?

Respondi: — Não tem problema.

Ela diz: — Faz mais tarde?

Respondi: — Faz mais tarde.

Ao vivo aqui, fui interrompido pela minha avó, ela perguntou o que fazer, porque a manicure Marilda havia acabado de chegar para fazer a unha dela. A vó tinha que tomar um remédio durante aquele período e veio me perguntar o que fazer, aí eu disse que não tinha problema.

Mas, voltando ao assunto do vídeo... como eu ia ficar ausente após o almoço, eu liguei na transportadora e disse que se tivesse alguma mercadoria para ser entregue, eles deveriam entregar no outro dia porque não ia ter ninguém em casa para receber. Eles pediram o número da nota fiscal que o fabricante emitiu, passei para eles e me disseram:

— Esta mercadoria está em trânsito e vai chegar na nossa unidade em Catanduva-SP até o final do dia de hoje, 15/09/2016, e ela será entregue para você até terça, 20/09".

Como seria entregue após 5 dias, beleza, eu posso sair pois não terei que receber nenhuma transportadora aqui neste dia.

Olhei na nota fiscal e vi que o produto que eu havia cotado com o fabricante era na voltagem 127V e eles me enviaram o pedido na voltagem 220V. O mais interessante é que passei por e-mail e informei: "Quero o produto na voltagem 127V". Eles montaram o pedido na voltagem 220V, me passaram por e-mail, solicitaram que eu confirmasse o pedido. Eu falei: "Ok, tá confirmado o pedido", no entanto, foi automático. Eu nem li que a voltagem estava 220V e era 127V que eu precisava. Como confirmei exatamente daquele jeito, eles emitiram a nota fiscal no 220V, e só fui ver esse detalhe, que está vindo produto com voltagem incorreta, diferente, quando fui falar com a transportadora.

Então, imediatamente liguei de novo para a transportadora e perguntei o que poderíamos fazer para barrar essa entrega. Eu recuso na hora que a transportadora chegar aqui ou tem como eles fazerem alguma coisa através do setor de logística deles? Eles disseram que iam fazer um documento formal para a transportadora, autorizando barrar a entrega. Então, logo que esse produto chegar na unidade aqui da minha cidade vizinha, Catanduva-SP, essa transportadora não virá até mim para fazer a entrega. Será barrado esse produto, voltará para a fábrica, que me enviará outro na voltagem correta que eu solicitei.

O que aprendi com isso é que às vezes a gente está no automático e deixa passar uma conferência. Toda vez que você precisar confirmar um pedido, seja prudente e leia para ver se o vendedor não emitiu o produto incorretamente para você. Então vale a pena perder alguns segundinhos, não negligenciar esse fato e superestimar o seu excesso de confiança. Você acha que o vendedor passou o pedido correto para você, mas ele pode ter errado. Errar é humano, né?!

GENERSON - #079 DE 365. DESCUBRA PORQUE SEU SITE RECEBE POUCAS VISITAS. REVISE AS PALAVRAS-CHAVE.

Neste sábado, 17/09/2016, fiz uma revisão nos produtos do meu site e notei que alguns produtos estavam recebendo poucas visitas. Então peguei a categoria e o nome desse produto e fiz uma pesquisa no planejador de palavras-chave do Google. Entrei nessa ferramenta do Google e verifiquei quais palavras-chave estavam relacionadas a esse produto e coloquei as *tags*, as palavras que são mais buscadas e relacionadas aos produtos que tinham poucas visitas.

Isso me deixou atento para a necessidade de toda vez que eu colocar um produto no mercado, fazer uma pesquisa antes para ver quais produtos estão sendo mais buscados e atrelar esse produto às palavras-chave relacionadas. Com isso, a qualquer busca feita no Google referente a esses produtos, as visitas serão redirecionadas para o meu site e isso vai deixar meu site nas primeiras posições do Google.

Isso era uma coisa simples que já era para ter sido feita, porém eu estava negligenciando esse pequeno detalhe. Então utilizei este sábado para rever as palavras-chave de cada produto do meu site.

GENERSON - #080 DE 365 - E SE O FORNECEDOR DEMORAR PARA LER SEU E-MAIL E ATRASAR EMITIR SEU PEDIDO?

Neste domingo, 18/09/2016, eu decidi como será a manhã seguinte. Na sexta-feira de manhã, 16/09/2016, passei um pedido para um fornecedor de Jaboticabal-SP e, nesse e-mail, eu pedia a ele para programar uma retirada de produtos na segunda 8h. No entanto ele respondeu esse e-mail a mim eram 18h5. No e-mail, ele encaminhava para a pessoa responsável em emitir esse pedido, dizendo: "Generson vai retirar esse pedido na segunda de manhã, então por favor, fature esse pedido para ele".

Já eram 18h5, logo, o expediente desse fornecedor já havia encerrado. Portanto, o pessoal responsável pela emissão da nota fiscal só terá conhecimento dessa autorização do vendedor na segunda de manhã. Geralmente vou na segunda-feira de manhã buscar mercadorias em Jaboticabal-SP, mas há um grande risco de eu chegar lá e essa mercadoria não estar disponível ainda para retirada.

Neste domingo notei que entraram outros pedidos e vou ter que passar para o fornecedor nesta segunda de manhã. Notei que vai ficar muito corrido para eu passar o pedido para eles e emitir todos, então decidi remanejar, rever minha agenda da segunda de manhã e deixar para ir à Jaboticabal retirar as mercadorias na terça de manhã.

Uma coisa que prestei atenção é que mesmo eu tendo enviado a solicitação do pedido com bastante antecedência, logo pela manhã na sexta-feira, é importante a gente considerar que a outra parte (o fornecedor, seu parceiro) pode estar sem internet, pode estar em trânsito numa viagem e não nos responder a tempo. Então é mais uma coisa que eu devo me atentar: procurar passar pedidos com folga, até um dia antes de antecedência, para evitar esses imprevistos.

Quer falar comigo, tirar dúvidas, contratar palestras, consultoria em grupo, mentoria individual? Acesse **https://atendimento. generson.com.br** ou utilize o QR code a seguir para ver as opções.